歴史屋のたわごと…❶

海の国の記憶　五島列島

時空をこえた旅へ

Masaaki Sugiyama
杉山正明

平凡社

［歴史屋のたわごと 1］

海の国の記憶　五島列島——時空をこえた旅へ　目次

序章　日本の西端、波濤をこえた挑戦　7
五島は「神州極西の孤島」／「海の国境」とはなにか／うるわしい島々／眇たる小藩／命懸けの渡海／学術誌編集の実態／なんとはなく「西」へ／呆気にとられた精霊流し／幕末に築かれた城／最西端の大瀬崎へ
第一章　はるかなる五島前史　41
小値賀島が中心だった？／『風土記』は語る／大陸の変動と新しい風／あらたなる国家と帝都／壮挙と自殺行為の間／空海の名文／幸運の人、最澄／小野篁の怒り／円仁の旅日記と遣唐使の廃止
第二章　モンゴル来襲と中世の五島　73
島と海に生きる人びと／あやしげな貴種流離譚／源平合戦のころから／大陸から

の嵐／一回目のモンゴル襲来／武士たちの矜持／元寇という名の防衛戦争／二度目は移民船団？／戦争の記憶とユーラシア大交流

第三章　宇久氏の福江島移住と東アジアの海　107

倭寇と応永の外寇／日朝交流とさまざまな倭寇／本拠地は福江島へ／義満の野望と遣明船／「大航海時代」という造語／五島にやってきた海の大立者／海のサムライの伝統／ザヴィエルとキリスト教

第四章　秀吉の朝鮮侵攻と五島藩の苦闘　131

稀代のイリュージョナリストの衝撃／ささやかな五島氏の派遣軍／小西行長軍の先鋒部隊／相続問題と盛利の苦労、そして「深江直り」／異国船警備と分知問題／利潤の大きい捕鯨業

第五章 〝世界史の時代〟に築かれた城 151
列強到来のうねり／「鎖国」と「海防」／日本最後の城／築城と警備態勢の二本立て／小さいが屈強の構え／エピローグ——「海の城」のようすが、うるわしい城下町、そしてリゾートとして

コラム——ペリー提督とその後 155

旅のおわりに——大宰府とその周辺にて 172

関連年譜 181

ささやかなあとがき 189

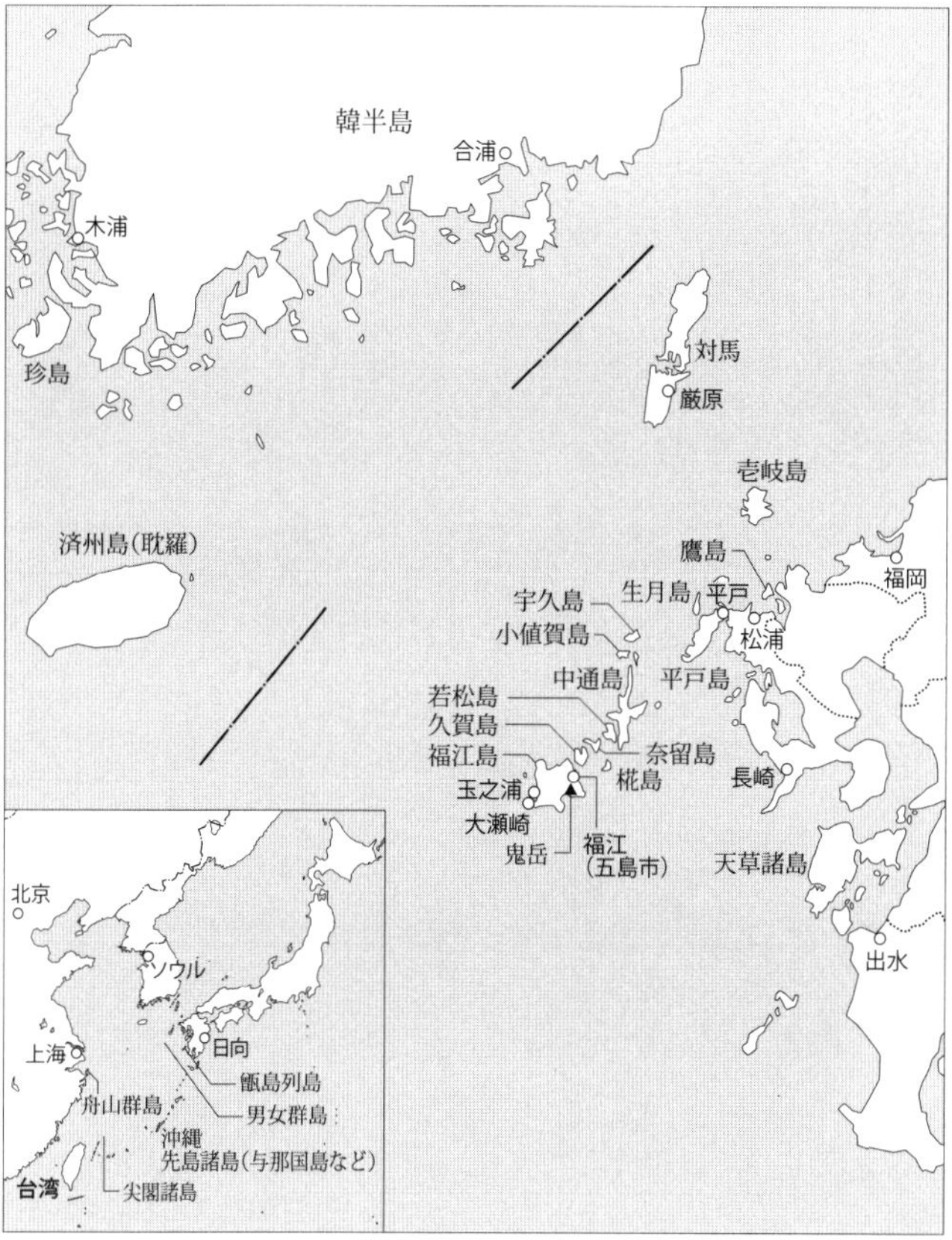

韓半島
合浦
木浦
珍島
対馬
厳原
壱岐島
済州島(耽羅)
鷹島
福岡
宇久島
生月島
平戸
小値賀島
松浦
中通島
平戸島
若松島
久賀島
奈留島
福江島
椛島
長崎
玉之浦
大瀬崎
鬼岳
福江
(五島市)
天草諸島
出水
北京
ソウル
上海
日向
甑島列島
舟山群島
男女群島
沖縄
先島諸島(与那国島など)
台湾
尖閣諸島

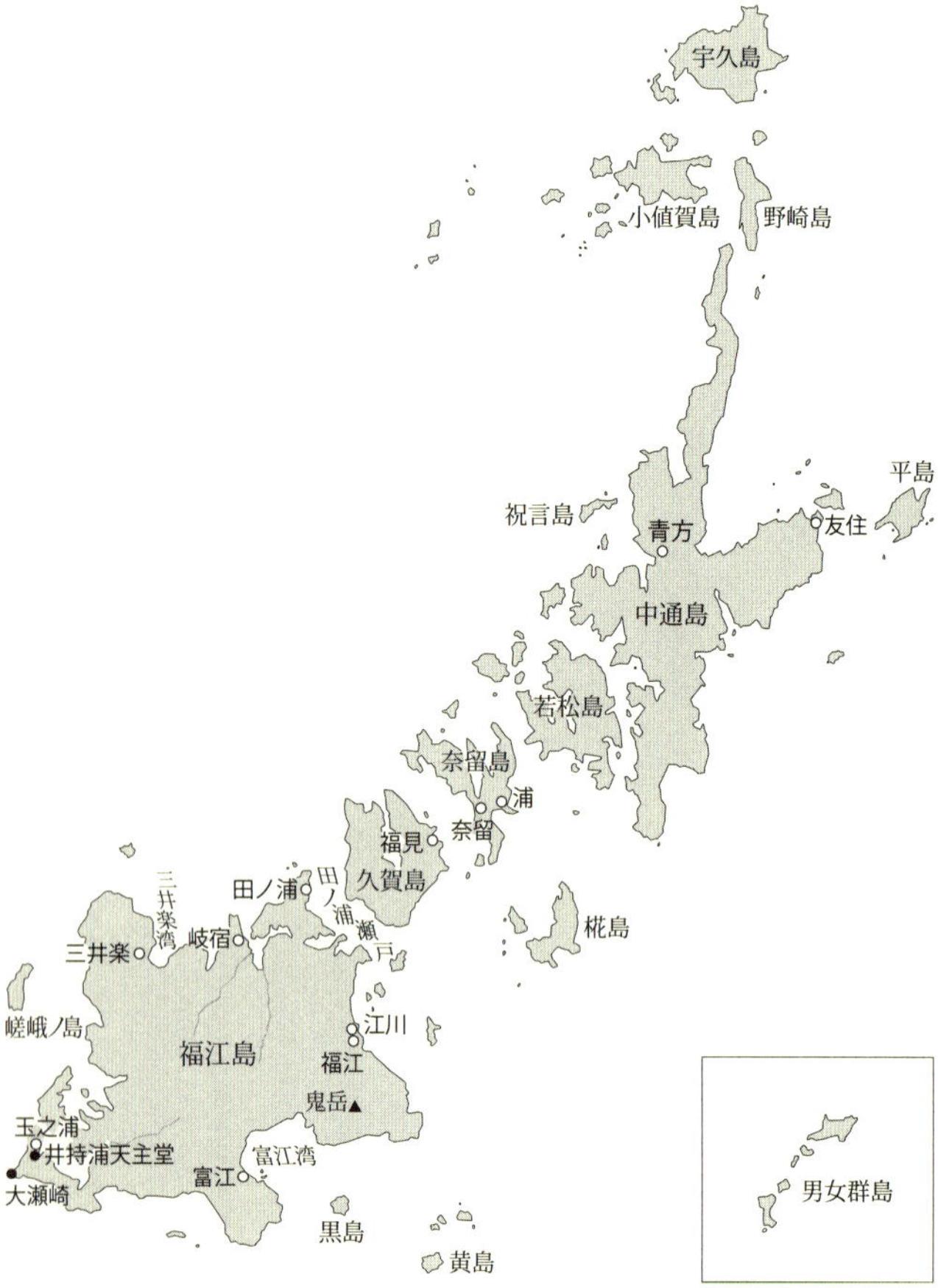

宇久島
小値賀島
野崎島
平島
祝言島
青方
友住
中通島
若松島
奈留島
浦
奈留
福見
久賀島
田ノ浦
田ノ浦瀬戸
三井楽湾
三井楽
岐宿
椛島
嵯峨ノ島
江川
福江
福江島
鬼岳
玉之浦
井持浦天主堂
大瀬崎
富江湾
富江
黒島
黄島
男女群島

序章　日本の西端、波濤をこえた挑戦

五島は「神州極西《しんしゅうきょくせい》の孤島」

日本の西端はどこかと尋ねられたなら、どう答えますか。もちろん、地図をひろげれば一目瞭然。沖縄諸島を含めた西南諸島という巨大な弧を描くつらなりの西のはし、台湾ももうほんの目と鼻の先といっていい与那国島《よなぐにじま》がそれです。ちなみに、その北方海上やや東寄りに、このところなにかと話題になっている尖閣諸島があります。ともかく、まさに大海原《おおうなばら》の世界です。

こうした客観的な地理的認識とは別に、ある種の素朴な感覚というか、なんとはなしの通念では、奄美や沖縄、また与那国島も含む先島《さきしま》諸島などは、いわば「南」の世界であって、むしろごく単純に「西」といえば素直に九州と答えたくなる気分があります。はるかにさかのぼって、すでに奈良時代から九州鎮護のために「鎮西府《ちんぜいふ》」なる役所が置かれ、その後も鎮西守護・鎮西奉行といった役職があって、「鎮西」といえば九州の別名ともなりました。つまり、九州イコール「西」というイメージがそこにはあります。そうすると、あくまでも感覚・感性でしかありませんが、その九州の西に浮かぶ五島列島こそが日本の「西のはし」ということになるのでしょうか。

ちなみに、五島の海上から西のかた韓国のチェジュド（済州島）までは、直線でわずか一五〇キロメートルあまり。たとえば、関西空港から飛行機に乗ればおよそ一時間ほど。本当に、すぐそこといった感じです。なお、かのモンゴル（蒙古）襲来のころまで、チェジュドは耽羅国《たんらこく》という独立国でした。その後、モンゴル帝国の直轄地となり、反乱をおこしたモンゴル王族がしばしばそこに流罪となりました。そうした結果、チェジュドにはモンゴル歌謡の名残りが伝わっているとされます。余談ながら、オランダはライデン大学のさる知人は、チェジュドに幾度もおとずれて、当地に伝わるさまざまな民謡や歌謡、風俗・慣習などを広く調べ、チェジュドの文化のユニークさを紹介しています。また、まことに小ぶりで可愛らしい馬はモンゴル馬の子孫だともいわれます。わたくしも、ただ一度だけ乗ったことがありますが、気の毒になるほど小さく、また実におとなしくてやさしい馬でした。チェジュドの歴史は苦節と波乱に満ちていますが、ともかくそうしたあれこれがあったのち、結局は韓半島の政権（具体的には五百年余つづいた李朝）に併合されて今にいたります。

チェジュドと五島列島とは、目には見えない国境をはさんで、ともにそれぞれの〝本土〟とは異なる独特の陰影にとんだ歴史と運命、そして地理的ポジションを背負いつつ、東シナ海の大海原の東と西に向かいあうように存在します。また、ともにどこか、海に浮かぶ一対の大きな航空母艦を思わせさえします。また実際、日本が韓国を併合していた不幸な時期、チェジュドには日本軍によって飛行場がつくられました。さらに、その後はチェジュドの飛行場が拡大・整備され、米韓両軍の空軍が配置されています。なお、韓半島では古くから国域全体を虎に見たてて、テマド（対馬島）とチェジュドが半島を支える虎の両足にたとえられていますが（そうした地図が、朝鮮王朝時代にいくつも描かれました。なお、対馬の宗氏は、徳川幕藩体制下では表高十万石の待遇をうけ、かたや朝鮮王朝にも通貢して〝両属〟しているかのように擬態し、結果として韓半島は対馬を自領であるかのように見なしたのです）、筆者は日本列島と韓半島それぞれの「西」に、歴史の波濤をこえて相対する五島とチェジュドという組み合わせも、観光・リゾート開発なども含めて、もう少し注目されてもいいかなと思います。ただし、両者の間にはかなり強烈な〝海流〟があります。そのためもあったのでしょうが、しばらく前までは、「海の国境」をこえて、両者を直接にむすぶ船の定期便も航空便もありませんでした。しかし、今や航空便はもとより福岡からチェジュド、そして上海へというクルージングも出現しています。

「海の国境」とはなにか

もともと、長い歴史のなかで国家や国境というものは、必ずしも今わたくしたちが考えるような固定的なものではありませんでした。むしろ、輪郭も曖昧、ファジーな場合がふつうであったかもしれません。本来は柔らかいシステムだったのです。それがひどく堅くなるのは、まさに近代になってからのことです。つまり、西欧におけるいじましいまでの頑《かたく》なさ、偏屈さ、固陋《ころう》、相互不信が生んだシステムであり、それが不幸にも世界のスタンダードとなってしまったのです。国境や人種の〝壁〟が随分と低くなった現在の世界にふさわしい、柔軟なあり方を考えるべき時に来ているのではないかと愚考します。

ましてて、「海の国境」については、そもそもそうしたことを想定さえもしなかった時代が、ついこの前まで（せいぜい百五十年前にもならぬ程度のこと）長くあったのです。領海とか排他的経済水域というのは、所詮は近代主義の産物でしかなく、人間本来の自然な感覚にはそぐわないところがあります。世界の海域を、「つなぐ海」ではなく、「へだてる海」にしているのは、異様に肥大化・巨大化した国家主義の結果でしょう。近代・現代がかしこいとは限りません。

考えれば、井上陽水の歌の一節ではありませんが、五島から西へ「海をこえたら上海」なのです。一望千里どころか、一望万里さえぎるもののない大海原では、五島から南中国にいたる茫々たるへだたりは、意識や気分のうえでは「意外に軽々と」といってはいいすぎかもしれませんが、前途への希望や期待・憧れ・野心をもつものにとっては、乗り越えられるものであったのかもしれません。

ようするに、陸の世界とは全く別の、コバルトブルーにキラキラと光かがやく広大な海の世界が、わたくしたち日本国とそのまわり、そして結果としては大きく地表面をおおっているのです。本当は、海のうえの国境など、あるわけもないのです。繰り返しになりますが、近代になるまでの長い時代、九州あたりから西や南の一帯、そして韓半島・中華大陸の海浜にいたるまでの巨大な海域は、広く海にかかわるさまざまな人びとが、「国籍」などとは基本的には関係なく自由闊達に往来しつつ暮らしていたのでした。

実際に、はるか昔、飛鳥・奈良・平安時代の遣隋使・遣唐使たちを乗せた船は、東シナ海の波濤をこえて往還しました。ちなみに、第一回目の遣隋使は、実在が云々されるかの聖徳太子が摂政だった時に派遣したとされるもので、それは推古八年（六〇〇）のことといわれます。そののち隋への派遣は前後五回あり、大陸から導入した新知識は、かの「大化改新」に貢献したとされます。ひきつづいて、舒明二年（六三〇）に犬上《いぬかみの》三田《みた》耜《すき》らが第一回目の遣唐使としてつかわされ、すべて合計して二十回に及ぶ公式使節が任命されたのです。なお、計画されたものの中止となったケースもあり、結局のところ現実に赴いたのは十六回でした。また、それぞれの事情を細かく考慮して、十八回の任命、十五回の派遣とする意見もあります。ともあれ、ほぼ十数年に一回くらいのことでした。

うるわしい島々

さて、五島列島の本島たる福江島《ふくえじま》――。そのもっとも西といっていい玉之浦《たまのうら》などには、そうした船が出帆し、また漂着したことが知られています。今は、長崎県に属する五島列島は、北松浦《まつうら》半島（ちなみに、松浦氏や松浦党の場合は「まつら」と読みます。それは、中国正史のひとつである『三国志』のうちの魏志、倭人の条のなかで、くだんの邪馬台国にいたる行程にあらわれる「末盧国《まつらこく》」の名を、時をこえてそのままひきついでいるわけです）にほとんどくっついているかに見える平戸島の西、海上三十キロほどをへだてた彼方にある宇久《うく》島からはじまって、そこから南西におもな島々を順番に挙げると、小値賀《おぢか》島・中通《なかどおり》島・若松島・奈留《なる》島・久賀《くが》島・椛《かば》島が、どこかアコーディオンの蛇腹をおもわせる姿で背中あわせのようにぴったりと張りつきつらなり合い、さらなる小島などが点在します。島と島との間には、ごく狭い水路や海路が入りくんでおり、手こぎの船でもあれば自在に行き来できるかのようです。筆者が子供のころから知る伊豆の海とは、また異なった実にうるわしい佇まいが展開しているわけなのです。そしてそれらのもっとも西に、もっとも大きな福江

五島列島最大の島、福江島の浜辺

島があります。

その福江本島は、やや五角形に似たかたちを呈し、およそ東西二十八キロ・南北二十五キロほど。縄文杉で名高い屋久島と、遜色ないくらいのかなり大きな島です。ちなみに、面積でいえば伊豆半島の半分くらいはあります。意外といっては失礼ですが、かなり堂々たる島ではあります。これは、実際に赴いた人間の感覚です。とりわけ、驚いたことに、福江島の中央部には見事までの美田がひろがり、ひょっとすると日本に水田耕作が最初に伝わったのは、ここではないかとさえ思えるほどです（なお、これは四十年ちかく前の見聞。今はもう違った景観になっているのかもしれません)。

いっぽう、福江島の首邑《しゅゆう》である福江には、江戸時代の石高でいえばわずか一万二千石ばかり(本来は一万五千三百三十石。三千石を分家に割《さ》いた結果そうなりました)ながら、五島氏による小藩があり、古くより大小百四十ほどの島々からなる五島列島全体を領有していました。なお、福江市は現在、五島市と改称しています。

眇たる小藩

時代が幕末から明治維新へと激しく移りゆくなか、時の藩主・五島盛徳《ごとうもりのり》は、慶応三年(一八六七)十月、上洛の勅命を受けたものの、病気を理由に情勢を眺め、翌四年四月二十三日になってようやく、重い腰をあげて上京の途につきました。かえりみて前年の十月は、まさに薩長に討幕の密勅がくだり、いっぽうで大政奉還がなされ、事態は混沌としていたさなかでありました。しかし、四年四月の時点となると、新政府軍によって江戸開城、そのいっぽうでは五月に奥羽越列藩同盟が結成されたとはいうものの、所詮は大勢はくつがえることなく、七月には江戸は東京へとわかりゆきます。ようするに、もはや大勢はほぼ定まったうえでの、いわばみえみえの結果としての「上京」といっていいものでした。なお、いささか小知恵めいたこうした駆け引きは、どこか情けないようにも見えますが、当時の諸藩は大藩であっても右往左往、多かれ少なかれ似たような行動を採っており、まさに文字どおり眇《びょう》たる小藩としてはやむなき仕儀《しぎ》であったといわざるをえません。そうしたもろもろのことがあった挙句のこととして、結局は六月二十二日に五島藩主盛徳は願書を差し出し、その「口上覚《こうじょうおぼえ》」でこう述べたのです。

　領分五島の儀は、神州極西の孤島、夷船《いはく》渡来咽喉《いんこう》の僻地《へきち》、殊《こと》に隣領《りんりょう》も遠隔《えんかく》仕《つかまつ》り、非常の節、急に応じ難く相成《あいな》り、終《つい》に其の機会を失ひ、御国躰《こくたい》関係の事件を生《しょう》じ候ては、一藩の汚辱《おじょく》は勿論、朝廷に対し奉《たてまつ》り、恐縮に堪《た》えず存《ぞん》じ奉り候、……

ようするに、新政府側にすぐに附かず、情勢を観望していた〝いいわけ〟をあれこれと述べているのですが、冒頭にいう「神州極西の孤島」は、いいえて妙でしょう。ある種の通念として、五島こそが日本の〝西のはて〟であるという考えは、かなり一般的であったのだとおもいます。

なお、歴史を古くさかのぼってみれば、『延喜式《えんぎしき》』（三代式《さんだいしき》のひとつ、五十巻。醍醐天皇の命で延喜五年〔九〇五〕に藤原時平《ときひら》・忠平《ただひら》らが編纂、延長五年〔九二七〕に完成。なお、三代式のなかで『延喜式』だけは、完全なかたちで今に伝わる）の巻十六、陰陽寮《おんようりょう》の条では、日本の東西南北の「四至《しいじ》」について、東は陸奥《むつ》、西は遠値嘉《おぢか》、南は土佐、北は佐渡を挙げています。それぞれに、まことによくわかります。「遠値嘉」は、現在の小値賀島だけをさすのではもとよりなく、五島列島全体をいっているのでしょう。ともかく、十世紀はじめの時点で、日本の西の境界は現在の五島であるという認識が、国家レヴェルできちんとなされていたことを示しています。

命懸けの渡海

さて、こうしたこととともかかわって、なおいくらか附説しますと、かの遣唐使船は、はじめ壱岐・対馬をへて韓半島の西側沿岸づたいに北上したのち、対岸の中国領は山東半島の登州《とうしゅう》にたどりつき、その後は陸路をゆくルートや、またこれとは正反対に九州の南へといったん大きくくだったうえで、種子島・奄美あたりから一気に東シナ海を西のかた、ないしは西北の方向に横切って長江河口にいたるルートを採っていましたが、やがて五島からほぼ真西に東シナ海を横断するコースに変わりゆきました。

ひるがえって、誰が考えても、もっとも安全なルートは北九州から韓半島に渡り、やがて現在でいう黄海を横断して中国領たる山東半島に至るコース（北路）でしたが、かねて歴史上に名高いかの白村江《はくそんこう》（もしくは「はくすきのえ」）の戦い（六六三年）にさかのぼる新羅《しらぎ》との問題があり、やむなく東シナ海を横断せざるをえなかったのです（南路・南島路）。それにしても、危険に満ちた海洋を素朴なつくりの船で大陸に押し渡ることは、ほとんどバクチといってもいいほどのまさに命懸けの行為でしたが、当時の日本宮廷政府は、それを承知のうえで大陸への渡航・交流を幾度も敢行したのです。本音では赴きたくない人もかなりいたのは当然のことでした。

そのいっぽう、大陸の文化・宗教・制度・技術を学び、それを日本に導入するために、情熱をもやして果敢に渡海した人たちもいました。後述する空海や最澄などもそうでした。それにしても、ここにおいて人ごとに好運と不運のちがいはまことに大きかったといわざるをえず、あらためてつくづくと溜息が出ます。

ところで、よく知られていますように、寛平六年（八九四）に菅原道真の建議で遣唐使派遣はついに中止されることになります。そしてその七年後、道真を追い落としたのが『延喜式』の編纂代表で、藤原氏の権力掌握を決定づけた、かの藤原時平でした。このあたり、ひどく因縁話めいています。

学術誌編集の実態

さて、話は一気にかわって、今から三十六年まえの昭和五十三年（一九七八）のこと、筆者は二十六歳で大学院博士課程の三年目、つまり最終学年でした。当時の京大文学部（実のところ、こうしたことを書くのもどこか阿呆らしいのですが、大学院大学化という奇妙なことが二十年ほど前に日本の大学・大学院でおこなわれた結果、現在は京都大学大学院文学研究科という文字数だけがやたらに増えた名称になっています）には、日本で最古の東洋史学を名乗る研究室があり、桑原隲蔵《くわばらじつぞう》（戦後日本の文化・言論をリードした桑原武夫はその息子）や内藤虎次郎（号は湖南《こなん》）をはじめ、おもに中国史・中国文献学の〝世界的中心〟として知られており、多くの先輩・同僚たちはいわゆる漢籍の山に埋もれるタイプでした。かたや、いちおう漢文史料を見つつも、ペルシア語、モンゴル語など非漢語文献や各種のヨーロッパ史料も眺めて、中央ユーラシア・中東、さらにはアフロ・ユーラシア、そして世界史も扱おうとする筆者は、少しばかり〝異端〟ではありました。とはいうものの、当時なお健在であった東洋学の巨星・宮崎市定《いちさだ》はかつてフランスに留学してアラビア語を学び、その他いくらかの欧米語もひととおり心得ていましたし、またイブン・ハルドゥーンの大著『歴史序説』の翻訳をはじめ、世界の識者を集めた「文明間の対話」などでも活躍され、わが国を代表する知の哲人として世界的に広く知られる森本公誠《こうせい》さん（かつては東大寺管長、現在は東大寺長老）をはじめ、イスラーム学に挑戦する大先輩たちもそれなりにおられました。

研究室内には『東洋史研究』という年四回発行の学術誌の事務局が置かれ、とはいっても幾人かの教員の指導というか、事実上の丸投げというか、ともかくもある種のレッセ・フェールともいっていい〝信頼関係〟のもと、しかしまだなお大学紛争の余波も意外なほどそこここにあって、現実には大学院生のうちのごくひと握りが編集・発行・庶務一般を担っていました。もっともそれは、今も実のところそう大きくは変わりません。それが是か非かを問うなどというよりは、まずは学術誌をともかくも保持することが先行します。であればわたくし自身も、もとよりそうしたあり方を改善できないままでいる〝責め〟を負うべきでしょう。時に耳にするよほどリッチな学術分野や巨大学会は別として、文系の学術誌など、もともと手弁当かボランティアに近い状況で運営され、このところはそれがますます厳しくなっています。

そもそも、ささやかな『東洋史研究』に限らず、およそ日本における〝文系〟という名でひと括《くく》りにされてしまいがちな分野が、ほとんど犠牲的精神というか、文字どおりの無償の行為、もしくはときに労働搾取ともいえそうなあり方のなかで、辛くも保持されていることを政府・文科省をはじめ、はたしてどれほど認識されているのでしょうか。このところ当然ながら国民の批判を浴びている原子力関係分野などを筆頭として、ややもすれば〝利権がらみ〟になりがちな理系の諸分野とは対極にあって、〝文系〟が世界における日本を大きな信頼感と存在感ある国たらしめていることを、あえて述べておきたいと存じます。

日本国の学術・文教政策は、すぐれた人づくりの点においても、あまりに視野と抱負を欠いています。自発的好意に頼る怠慢のなかにありつづけてきたというほかはありません。世界屈指の豊かな文化国家として、恥ずべきことでしょう。ともかく、そうしたせつないほどの努力のうえに、日本の学術レヴェルの維持と世界への発信がなされているのです。

なんとはなく「西」へ

閑話休題。さて、修士課程のはじめから編集委員にさせられて五年目の夏、つまり大学院の最終年度、ほぼひとりで学術誌の一切をなんとかしのいでいました。しかし、京都の暑さは普段でもなかなかのものなのに、その年は炎暑ともいえるほど。すでに夏休みに入っており、ほとんど誰も研究室には居残っておらず（当然のことなのですが）、悪戦苦闘していたさなか、あれこれいいつのって修士課程の後輩ひとりに協力してもらい、なんとか『東洋史研究』一号分の編集作業を仕上げ、少しばかりの解放感を味わいました。しばらくはボンヤリとして、しかしさて、これからどうしようかと考え、実家の沼津に帰るのもいいけれど、まあ少しは普段とちがうことをしてみるのも悪くはないかと、そこで生来の風来坊ぐせが蘇りました。

ふと思いついて、ただなんとなく西へ行ってみようと思い、そのまま京都駅に赴き、夜行寝台の列車に乗りました。夜行寝台列車は、はじめての経験でした。まん中の通路をはさんで両側に上下の寝台がしつらえてあり、筆者は上段でした。下段の客は年配の男性で、いろいろと話しかけてきてくださり、しばらく楽しく歓談しました。とりわけ、九州はいいよと、魚のうまさや食べ物についても詳しく説明してくれたのです。夜行寝台には独特の雰囲気が漂い、決して悪い気分ではありませんでした。今ふりかえっても、当時の日本にはつつましく素朴な部分がまだまだのこっていました。

とはいえ、わたくしは多分かなり疲れていたのでしょう。ぐっすりと寝込み、目覚めると、もう列車は九州に入っていました。かの男性は、すでに下車したようでした。やがて博多駅に着き、一応は歴史畑、それもユーラシア史・世界史を扱いつつ、日本史・中国史ともかかわる人間なので、仁治《にんじ》二年（一二四一）に南宋留学から帰国した円爾弁円《えんにべんねん》を開山《かいさん》として創建された臨済宗の崇福寺《すうふくじ》や、おなじくその翌年のこと、来朝中であった名高い南宋の豪商・謝国明《しゃこくめい》がやはり円爾のために開いた臨済宗東福寺派の承天寺《じょうてんじ》（なお両寺とも、のち戦火や火災にあい、いずれも再興されました）など日元交流の名刹をまずは訪れました。以前、円爾については少し調べたことがあり、いくらか感じるところもあって、さらにモンゴル襲来のさいの石塁のあとなどを眺め、かつぶらりと福岡市内もひととおり歩くうちに、もう少し西へ行きたくなりました。

それからまた電車に乗って西へむかい、唐津で下車して唐津城の復興天守を見て呼子《よぶこ》に赴き、あれこれと魚を食べ、うるわしい風光を眺め、すっかり満喫しました。ところが、なんとはなく秀吉の朝鮮出兵の根拠地となった名護屋城址までは赴くことのないまま、とって返して伊万里経由で平戸を見物しました。まったく、気のむくままのいい加減な旅でした。かつて、戦国日本がポルトガルやイスパニアと交易し、かのフランシスコ・ザヴィエルが布教したことを記念するネオゴシック様式の聖堂（昭和六年〔一九三一〕の建造）が美しいシルエットを描いて聳《そび》えるなど、十六―十七世紀に海外貿易の重要な拠点のひとつであった平戸は、今もなお在りし日の栄華の名残りやそれなりの趣きが、そこかしこに漂っていました。まったくの観光気分で、松浦《まつら》城跡や平戸市街をぶらぶらし、松浦党のかつての本拠である宇野御厨《うののみくりや》のあとも訪ねたいと思ったものの、これまた結局はそうはしませんでした。

しかし、平戸島のすぐ西北に浮かぶ、隠れキリシタンの島として知られる生月島《いきつきしま》には赴きました。独特のイメージと魅力があったのです。これが予定を立てないブラブラ歩きのいいところです。やはり予想どおり、とても印象的な佇まいとことばにならない独特の雰囲気があり、今も忘れがたい記憶となって歴々と脳裏に刻まれています。そこで味わい、感じたさまざまなことを文字にするのは、意外にむずかしいものです。過去の時代の〝よすが〟と簡単にいってしまっていいものかどうか。やはり、それらはなによりも世代をこえた当地の人たちの継承と努力の結果として、まさにこうしてあるというべきなのでしょう。なお、現在は生月大橋の開通により、平戸島から九州本土にもつながっています。

呆気にとられた精霊流し

ひとり旅というものは気楽です。筆者はさらに佐世保などをへて、なんやかやと乗り降りして長崎駅に至り、半日かけて長崎市内の名所や要地を訪ねました。長崎といえば、永禄十年（一五六七）にイエズス会のアルメイダ修道士が布教のために派遣されたあたりからいろいろと動き出します。ポルトガル商人もやってきて、三年後には長崎湾の水深を調べ、大船の寄港にむいていることから、当地の大名である大村純忠《すみただ》との間で協定をむすびました。こののち、長崎は町としても発展していったのです。夕方には、港の目のまえのビジネスホテルに投宿しました。ただ、なんということもなく、まあ翌日すぐ船に乗れるからいいかなと思ったのです。

ところが、その日は八月十五日。わたくしは愚かなことに、精霊流《しょうりょうなが》しの当日であることを知りませんでした。そしてそのホテルのまえがなんと、精霊流しのセレモニーの晴れ舞台ともいえるスペースだったのです。気のいいホテルのおやじさんは、知らずに来たのかといくらかあきれ顔ながら、ここは特等席だよと教えてくれました。日が暮れて、まさにそのとおりでした。それからしばらく、やがて鉦《かね》の音が開始をつげ、突如として驚くほど賑やかな世界に一変したのです。

精霊流しといえば、さだまさしさん（当時は「グレープ」というグループ）の「精霊流し」

がその四年ほどまえに大ヒットしており、わたくしは勝手に物静かなイヴェントなのだろうと思ったのですが、事実は正反対でした。法被《はっぴ》をまとった若い衆やおじさんたちが、やたらと派手に飾った精霊船《しょうりょうぶね》を御輿のようにかついで走り回り、勇ましいというか男伊達《だて》というか、その様子はあまりにも予想外で呆気にとられました。なかには、長さ二十メートルにも及ぶ大きな船や、竹を組みあわせて〝わらなわ〟で結んだ特別な精霊船も登場し、あたり一帯、爆竹のはじける激しい音や硝煙の匂いもたちこめ、もう記憶も胡乱《うろん》となっているのですが、たしか花火もドンドン打ちあげられて、まあ騒々しいことだと感心しました。

たしか最後には、一般の多くの方々による灯籠《とうろう》流し（灯籠を海に流すのです）もおこなわれて、やや静かなフィナーレを迎え、いくらかホッとしたことを覚えています。のちになって誰かから教えられたのですが、さださんの悲しげで抒情的な曲調と実際の精霊流しとのギャップがあまりにも大きすぎて、観光客の方々がショックというか、驚くこともしばしばあったようです。とはいえ、そのときのわたくしは、そういう事情もまったく知らず、ただすべてが終ったのち、誰もいなくなった〝祭のあと〟の独特のけだるさといった、夏の夜の不思議な静寂を味わうことができて、幸せな気分でもありました。

しばらくの間、もうすっかり人影も消え、静かになった港のあたりをボンヤリと眺めつつ、ふと、この精霊流しは亡くなった人をしんみりとではなく、できるかぎり盛大に、かつは賑やかに送り出してやろうという行為ではないかと思いました。初盆の人もふくめて、亡き人への想いがそこに籠められているのだと、当然のことに当然のように思い至ったのです。なにかいい知れない気持が湧きあがってきました。さだまさしさんが、「精霊流しがはなやかに始まるのです」と歌った本当の意味がわかったような気がしたのです。

翌日は、港からフェリーに乗り、五島・福江にむかいました。乗客は随分と多く、船もかなり大型でしたが、ちょうど九州西部を台風が北上中で、高いうねりのためにほとんどの乗客が船酔いで倒れ、ところがわたくしはなぜかどうということはありませんでした。日頃から決して胃腸が強くはない人間が元気でいられたのは、われながら奇妙な気分でした。海原はひどくうねりつつも、不思議に空と海との間はカラリと晴れわたっていて、どこか嘘っぽいアメリカ映画を眺めて楽しんでいるような心地でいるうち、船酔いする〝ゆとり〟がなかったのかもしれません。

かなりの時間を要して、やがて船は福江港に着岸しました。はじめて目にした福江島は、碧《あお》い海に深い緑がはえて、まことにうるわしい佇まいというほかはなく、〝ああここにきてよかった〟と素直に感謝したくなりました。なお、現在では九州商船のジェットフォイルで一時間二十五分〜一時間五十分と、かなり短縮されています。長崎空港や福岡空港からは、三十分と四十分で空路の旅もわるくありませんが、なんといっても紺碧の海路をたどる〝グレート・ヴュー〟は爽快かぎりなく、素晴しいのひとことです。

幕末に築かれた城

福江に上陸すると、すぐ目のまえになだらかな曲線を描いて盛りあがる、見事なまでに緑の芝生におおわれ尽くした高さ三一五メートルの鬼岳《おんだけ》のうるわしい姿が飛び込んできました。麓《ふもと》あたりに多少の木々が茂るほかは、山稜部に木はまったくありません。感嘆しつつひとしきり眺めたのち、しばらく歩いてゆくと、すぐに福江城址にいたりました。

小藩ながら、きちんとした城が築かれていたことだけは、おぼろげながら知ってはいました。しかし、予想をこえたかなり強力な構えであることに驚きました。実のところ、わたくしは小学校高学年のころから、やたらな城好きでした。すでに当時、戦後も十数年すぎ、世の中も随分と落ち着いて、各種の出版もさかんになりつつあったころで、日本の城郭についての書物もボチボチ出始め、それに熱中したのです。

ようするに近年、老若男女を問わない国民的なブームというか、今やほとんどある種の社会現象のようにもなっている「城好き」の、はしりといってもいいような子供でした。当初は、天守閣や櫓の模型を厚紙でつくり、近世の主要城郭の絵図を集め、またいくつかの城址を見にゆきました。自分では城跡探査のつもりでした。そうした結果、おもに近世城郭の「縄張り図」は、ほぼ頭の中にインプットされて今も残っています。そのついでというか、おのずと建築設計に興味が湧き、図版や設計図を描くのが趣味ともなりました。そしてもうひとつ、身のほど知らずといいますか野球に熱中し、一時は真剣にプロになろうとさえ思ったのですから、お笑い種《ぐさ》です。多分、筆者のような少年期をすごした男性は、日本にたくさんおられることでしょう。なお、近年は歴史好き女性たちの、いわゆる〝歴女〟が特別なことではなくなって、知り合いにも怖るべき城郭好きの女性がいます。

さて、福江城です。正式には石田城といい、説明板にはなんと一八四九年＝嘉永二年の築城開始と書かれていました。これには全くたまげました。ようするに、幕末の築城なのです。筆者のささやかな城郭関係の知識のなかには、石田城もしくは福江城にかかわる詳しいデータは入っていませんでした。こうなると俄然、興味が湧きあがりました。知らないということは、素晴しいことかもしれません。なにせ、すべて自分で考え、発想するわけですから。

まずは、説明書などを見るまえに石田城址とその周辺一帯を自分の目でゆっくりと眺めようと考え、いったん港にもどって海岸あたりをぶらつきました。すると、あることに気づきました。海岸一帯に、かなり大きめの石が大量にころがっていて、それらはおおむね丸々とした形をしているのです。海岸ですから、波濤に洗われ表面がツルツルとした石が多くても当然なのでしょうが、それにしてもほぼ似たような大きさの、不自然に丸っこい石ばかりといっていいのは奇妙です。

さすがに頭のにぶい筆者にもわかりました。大量の石たちは築城用・石塁用に加工された石なのでした。そこではっと気づき、もう一度、石田城と武家屋敷のほうへむかいました。考えたとおりでした。一万二千石の城とは到底おもえない石田城の立派な城濠も、また在りし日の佇まいを伝える武家屋敷の石塁も、矩形《くけい》にきちんと整形された「角石《かどいし》」部分のほかは、まさに海岸にころがっていた「丸石」をつみあげていたのでした。逆にいえば、今も浜辺に大量に残っている丸石たちは、結局は使われなかったけれども、はたしてそれは必要以上に数多く加工しすぎた結果の〝計算ちがい〟だったかどうか。ともかく、あれこれ疑問が浮かびました。そして、決して丸石を作りすぎたのではないだろうというのが、その時のわたくしの直感というか印象でした。

本当は、より大規模の築城と要塞化を福江城下の内外に施そうとしたのではないか――その推測は今も変わりません。一八四九年から開始された石田城建設は、断続しつつもなんと十五年の歳月にわたりました。そしてその間、まさに日本とその近海一帯は「波高し」だったのです。すでに引用した一八六八年六月二十二日の五島藩主・盛徳のことばが示すように、その領分たる五島は「夷船渡来咽喉の僻地」、つまり日本国の縁辺ながら外国船が往来する「のどもと」の要衝だったのです。五島藩の事情とふところ具合さえ許せば、もっともっと強力な城郭を構築し、さらには港湾の要塞化や防壁・突堤の整備・拡充などを想定していたのかもしれません。その可能性は大いにありえると思います。あの厖大な丸石たちを考えると……。

最西端の大瀬崎へ

かくて、近いとはいえ石田城址と海岸一帯の間を幾度も往復し、妙に疲れてしまいました。それに気づくと、たしかに朝からずっとほとんどなにも食べておらず、また前日の精霊流し以来、一睡もしていませんでした。腹が減っては戦さはできずとは、まことにそのとおりでした。今日はこのくらいにしておこうとあきらめ、まだ明るかったのですが、手近の小さなビジネスホテルに投宿しました。宿の主人は、前日の豪放な長崎のおやじさんとは異なり、小柄でやさしく随分と上品な方で、しかし気さくなところは変わりませんでした。京都から来た学生だというと随分と喜んでくれて、腹が減っているだろうからすぐ夕食を出してやろうといい、次々と料理を作ってくれました。絶品のイカ、トビウオ、さまざまな魚介類——。いやもう盛り沢山のご馳走で、これではたして「もと」がとれるのか、こちらが少々心配になるほどでした。

冷えたビールを飲みつつ宿の主人と歓談していると、テレビや新聞・雑誌で見たことのある某映画監督とそのお付《つき》かと思われる女性（あるいはなんとなく女優としても、一時期は活躍していたような気がする方でした）が一緒に食堂に入ってきました。ああそうなのかと思いつつ（？）眺めていると、いささかバツがわるそうな顔をしながらも、おふたりはなにかと話しかけてくれました。結局、その日の泊まり客はわれわれ三人だけで、宿の主人とおかみさんもまじえて雑談を楽しみました。某監督は、いくらか偉そうではありましたが、噂で聞く傲慢さはおさえていたのでしょう。また、お付らしき女性はまことに控え目でした。ちなみに、某監督はしばらく前に百歳になんなんとする大変なご高齢で他界されました。

「君は明日どうするのか」と監督さんがいうので、できればバスなどに乗って福江島の西のはし、玉之浦や大瀬崎まで行ってみたいと答えました。なぜだというので、「いや、日本の西端だからですよ」と答えると、「そんなことを思うのか」と変に感心して、「じゃあ明日、自分たちも車で島内観光をするので、途中までなら乗せてやろう」といってくれました。旅は道連れといった具合でした。

でも、世の中はそう甘くはありません。某監督は約束どおり、車に同乗させてくれました。しかし、なんとはなく気まずい雰囲気が漂い、さすがに鈍感なわたくしもちょっと困った状況になりました。わたくしがいったか、監督がいったか、それはともかく福江島のほぼ真ん中あたりで下車しました。それでも、とても有難いことでした。さてどうしようかと思っていると、近くに分教場めいた学校があったので、自転車を貸してくれないかと頼みました。夏休みの最中で生徒さんもおらず、まことにのんびりとしていました。対応してくださった先生に事情を話すと、すぐに快諾してくださり、自転車を提供してくれました。その先生は実にきちんとした、素晴しい方という印象でした。

世の中は不思議です。今おもい返してもほとんど夢の世界にいたかのようです。筆者は、ひたすら自転車で西にむかい、是非とも行きたかった玉之浦に到達しました。はたしてそこが海なのか、と思えるほどの玉之浦のごくごく浅い入江に足をひたし、あくまでも静かに佇立《ちょりつ》する井持浦《いもちうら》天主堂などをほとんどボンヤリと眺めていました。そこに、はるかに時代をこえた「なにか」があるような心地がしてとても幸せな気分でした。ところで井持浦

“日本の西のはし”大瀬崎

天主堂は、井持浦教会ルルドともいいます。日本で最初のルルドとして、全国から巡礼団が絶えないそうです。ルルドとは、もともとフランスはピレネー山脈の北麓にある町の名のことで、十九世紀なかばころ、羊飼いの少女が聖母マリアを目撃して奇跡がおこったという泉があり、名高い巡礼地となりました。日本では〝奇跡の泉〟や巡礼地の意をこめた固有名詞として使われ、五島のほか長崎各地にもあります。

　さてそれから、勇気を奮いおこして福江島の最西端にあたる大瀬崎までゆきました。鮮やかな蒼い東シナ海に、岩の断崖が突き出して、その上に白い灯台が聳《そび》えていました。ここが、まさに「日本の西端」だったのです。本当はそこ

五島の夕景

にじっとして、西の彼方の海に沈みゆく夕日を眺めたかったのですが、残念ながらそうはいきませんでした。ともかく〝西の海原〟を見たぞという変な興奮が体のなかに湧きおこり、やがて自転車を貸してくださったところまで戻らねばと、ペダルをこぎました。

その後のことは、定かに憶えていません。ともかく、お借りした自転車はお返しすることができました。そして、多分そこからバスに乗って福江に戻ったのでしょう。ところが、世の中というのは、どういう具合に出来ているのでしょう。その時からはるかに時は過ぎて、しばらく前、筆者の研究室に在籍した松本彩さんは、どうやらその時にお世話になった〝分教場〟の先生のお嬢さんだったのです。これを偶然といえば、そういうほかはありません。それにしても、人と人とのむすびつきというものは、時空を超えるのかもしれません。あらためて、そう思います。そしてなんと、松本彩さんは今や「氷月あや」というペンネームで『きみと、妖精と、真冬の夏休み』をはじめとする新進の小説家として頑張っています。

第一章　はるかなる五島前史

小値賀島が中心だった？

歴史をふりかえって、五島列島での人びとの歩みがはたしていつごろから始まるのか、実はあまり定かではありません。というか、それはどこかとても不思議な事象に彩られています。文献や記録の残っていない古代については、どうしても遺跡や遺物、もしくは古墳といったものがかすかながらも手掛かりとなります。固い話になって恐縮ですが、現在の長崎県内で、墳丘をもつ高塚古墳はかならずしも多くはなく、しかしながらそれでも四百あまり確認されるそうです。ちなみに、このあたり『長崎県史』（一九六四）、『長崎県史・古代・中世編』（一九七〇）、『福江市史』（一九九五）といった数々の著作・刊行物を参照しつつ述べていることをおことわりしておきます。いずれも、まことに立派な内容です。

これらの書物によれば、長崎県で高塚古墳がもっとも多いのは、なんとかなりな面積をもつ対馬でもどこでもなく、そう大きくはないはずの壱岐に多く、実に県内の五九パーセントを占めるそうです。つまり、かの名高い史書、いわゆる『魏志倭人伝』(正しくは『三国志』魏志、倭人の条)に、「一支国」すなわち壱岐には三千ほどの家々があり、その直前にしるされる千余戸ばかりの山が険しい「対馬国」よりも、大陸から古代日本へいたるルートの事実上の玄関口といってもいい役割をはたしていた、とするかのような書きぶりに符合します。とはいえ、より大陸に近い対馬にも、数は多くはありませんが、厳原《いずはら》などに数個の円墳が確認されます。

ところが、ここにとても奇妙な事実があります。すでに触れた平戸島・生月島、さらに二回目のモンゴル襲来のさいの元軍の停泊地となった鷹島にも複数の古墳が存在するのですが、五島列島については小値賀島にふたつあるのみで、かなり大きな中通島にもなければ、最大の福江島にも全く見当たりません。かたや、五島列島全体にわたって、縄文時代・弥生時代の遺跡はまことに数多いのです。つまり、五島列島での生活の営みは随分と活発であったにもかかわらず、古墳というある種モニュメンタルな構造物が小値賀島にしか存在しないことは、逆に小値賀島が一帯の中心だったことをおそらくは意味しているのでしょう。

五島列島のなかでも決して大きくはない小値賀島は、実はもともと東西ふたつの島でした。現在の島の中央に南北に狭い海峡があり、ちょうど後醍醐天皇が鎌倉幕府をほろぼして、いったん権力を奪取した建武元年（一三三四）にそれが埋めたてられて現在のかたちになりました。前述した小値賀島のふたつの古墳は、もとの二島のそれぞれに一基ずつあったのです。

ひるがえって、小値賀島そのものには、ごく古い旧石器時代から各時代を通じて遺跡がやたらにあり、ほとんど遺跡だらけといった感じです。同島には、日本最古といわれる鉄斧《ふ》や玉製の副葬品が出土し、おそらくはかなり早い時期から、小値賀島を拠点として、五島列島全体を支配した存在が推測されます。

いっぽう、日本は『古事記』から文献の世界に入りますが、その「上つ巻」の国生み神話では、よく知られているようにイザナギとイザナミがまず「淡道《あわじ》の狭別島《さわけのしま》」、すなわち淡路島を生みます。そうして次々と島々を生んでゆき、やがて「知訶島《ちかのしま》」そして「両児《ふたごの》島《しま》」を生みます。この両島については、知訶島が五島列島全体をさし、両児島は五島よりさらに南西に浮かぶ男女群島《だんじょ》だと解されていましたが、かつて森浩一さんは、両児島は小値賀島であるかもしれないと述べられました。その理由は、先述のように、もともと小値賀島は東西ふたつからなっていたからです。

『風土記』は語る

奈良時代になると、元明天皇の命で『風土記《ふどき》』が作られます。周知のように、完全に伝わっているのは『出雲国《いずものくに》風土記』だけですが、常陸《ひたち》・播磨《はりま》・豊後《ぶんご》・肥前《ひぜん》の四種の風土記も、部分的ながら存します。そしてここでかかわるのは、もちろん『肥前国風土記』です。そこには、「値賀郷《ちがのさと》」として、実に興味深い話がつづられており、あらましをダイジェストすると、次のようになります。

「その昔、『日本書紀』によれば、第十二代の天皇であった景行《けいこう》、すなわち大足彦尊《おおたらしひこのみこと》は、九州に巡幸して現在の平戸にあたる志式嶋の行宮《あんぐう》にやってきて、そこから西の海原を眺めたところ、島々があり、煙が多くたなびいていた。そこで、阿曇百足《あずみのももたり》に調べさせると八十余の島々があり、なかでもふたつの島に住人がいた。ひとつを小近《おちか》といい、大耳《おおみみ》という土蜘蛛《つちぐも》（原住民）がいて、もうひとつの島は大近《おおちか》といって垂耳《たりみみ》という土蜘蛛がいた。百足は大耳たちをとらえ天皇は処刑しようとしたが、大耳たちは許しを乞い、御贄《みにえ》をつくって御膳《みけ》に奉りますといい、さまざまなアワビを献上した。天皇は『この島は遠くにあるが近くに見えるから近嶋《ちかしま》というがよい』とおおせになり、そこで値賀島《ちがのしま》というようになった。島には檳榔《びんろう》・木蘭・梔子《くちなし》・黒葛《つづら》・木綿《ゆう》・荷《はちす》など、海にはアワビ・鯛・鯖・海草・海松《みる》などがあり、そこに住む白水郎《あま》は馬や牛をもっている。西に船だまりがふたつあって、ひとつを『相子田《あいこだ》のとまり』といって二十余の船を泊め、もうひとつは『川原浦』といい十余艘を泊めることができた。遣唐使は、この港から川原浦の西にある美弥良久《みみらく》（現・三井楽）の岬をへて、西をめざして渡海する。この島の白水郎は顔は隼人《はやと》に似ており、騎射を好み、ことばは一般人とは異なる」

長々とした引用となりましたが、内容にはきわめて興味深いものがあります。景行天皇は、平戸島から西の海上にある五島列島を望んだのです。「小近」と「大近」のふたつの島が中心で、それぞれ住民たちのリーダーがおり、結局は各種のアワビをさしだし、ともどもに許されたのです。島は山と海の産物が豊かで、〝海人《あま》〟たちは牛馬も所有し、つまり耕作もおこなっていたことになります。また、五島列島の西に二カ所の「とまり」があり、遣唐使が美弥良久をへて、西のかた大海原へ乗り出したところといえば、素直に考えると五島・福江島の西端、まさに玉之浦、そして大瀬崎のことではないでしょうか。さらに興味深いこととして、どうやら海人たちは船をあやつり、漁撈を〝たつき〟となして海の世界に生きるだけでなく、かつは騎射もたしなみ、水陸両用のかまえを備えていたことになります。つまり、たぐいまれな万能の人たちだったわけです。

ひるがえって、景行天皇は筑紫、すなわち九州の日向《ひゅうが》（現・宮崎県）の熊襲《くまそ》を親征したことになっています。そして、彼の息子が有名な悲劇の英雄ヤマトタケルなのです。もとより、ヤマトタケルには名高い東国・蝦夷《えぞ》征討とは別に、熊襲制圧の伝説もあります。このあたり、いくつもの説話や伝承が折り重なり、つづりあわされて「日本国」形成の物語が次第につくられていったのでしょう。そうしたなかに、五島列島が独特の立ち位置で登場し、しかも海陸両用のスタンスをもって語られていることは特筆にあたいします。すでに『肥前国風土記』の時点で、「おちか」ないしは「おぢか」、さらには「ちかしま」もしくは「値嘉島」などと呼ばれた島、または島々が、日本の〝最西端〟を意味することとなっていたのです。

大陸の変動と新しい風

大和朝廷なるものが、きわめてゆるやかなかたちでしたが、ともかくも日本をゆったりと支配していたとされる四世紀から七世紀ごろにかけて、大陸では時代をゆるがす大きな変動の波がつづいていました。『三国志』で名高い魏・呉・蜀のいずれもが滅亡し、魏をひきついでそれなりの統合政権をつくるかに見えた西晋《せいしん》が、山西地方に入居していた機動力にとむ強力な遊牧民の匈奴《きょうど》族をはじめ、多くの非漢族たちの自立化への動きのなかで華北支配を維持できず、江南の地にのがれて歴史上は「東晋《とうしん》」と通称される地方政権を辛くも保つこととなりました。混沌たる華北情勢のなか、「華」と「夷」をとりまぜたさまざまな集団がそれぞれの運命と打算のもとに争いあいましたが、そのなかでもモンゴル高原の東辺、大興安嶺《だいこうあんれい》の北西部あたりに起源する鮮卑《せんぴ》系の遊牧民・拓跋部《たくばつ》が次第に浮上してゆきました。この拓跋集団こそが、あらたなる中華と東アジアの主軸となってゆきます。

しばらく浮沈をくりかえした拓跋部でしたが、事実上の創業者となったその王の名は、拓跋珪《けい》。ただし、「珪」はあくまで中華風の名乗りで、おそらくはモンゴル・テュルク系の言語での〝本名〟は別にちゃんとあったにちがいありません。彼は国号を「代《だい》」（ただしくは「大代国」。おおいなる代なる国という意味）と称し、遊牧生活を保持しつつ一層の軍事力を養い、やがて中華北辺の盛楽《せいらく》の地に都しました。ついで、「帝」となって道武帝《どうぶてい》（三七一―四〇九。在位三八六―四〇九）と号し、さらに華北支配に乗り出してからは、平城に遷都して「大魏」という国号にあらためましたが、歴史上は「魏」というと、かの名高い曹操の政権をはじめいくつか存在するので、あくまで便宜的に「北魏」と呼びます。かくて、このあたりから、「華夷」をこえた全く新しい「中華」の歴史が始まってゆくのです。

ところで、奈良の平城京がなぜ「平城」と命名されたかといえば、間違いなく、北魏帝国の首都であった「平城」の名に由来するでしょう。とりわけ、ふたりの突出した帝王、すなわち既述の道武帝と、その孫で第三代皇帝となった太武帝《たいぶてい》（本名は拓跋燾《とう》。在位四二三―四五二）の盛時にちなんでいるのだろうと思います。太武帝はイラン・インド・中央アジアなど多元文化が花咲いた現・甘粛《かんしゅく》省の要衝である涼州《りょうしゅう》を陥《おと》し、そこにつどっていた仏僧や多人種の人びとを平城に集団移住させ、一挙に東アジア随一の仏教・文化都市としました。たとえば、今にのこる平城近傍の有名な文化遺蹟、雲崗《うんこう》の石窟もその名残りのひとつです。

なお、やや脇道にそれますが、日本の仏教文化にも間接ながら大きな影響をあたえたとおもわれる太武帝について、いくらかエピソードめいたことを述べますと、彼の字《あざな》は「仏狸」といったといいます。漢族出身ではないのですから「字」というのは奇妙で、ようするに鮮卑人としての〝本当の名〟のことなのでしょう。つまり、漢字の音から類推すれば、「フォリ」といった名前であったと考えても、当たらずとも遠からずかもしれません。ただし、「仏」の「狸」という字並びは、どう見ても面妖です。それが彼の父である明元帝（拓跋嗣《し》）による命名なのか、ひょっとして太武帝自身による名乗りと文字えらびなのか、興味深いところです。ともかく、もともとは崇仏であったはずの拓跋政権が、無為《むい》・徒《と》食《しょく》の仏僧の氾濫によって国家財政が傾くことを危惧した太武帝の決断で「廃仏」を断行したのですが、ひょっとして「仏狸」という不思議な名には、そのあたりの〝いわく〟がこめられているのかもしれません。

あらたなる国家と帝都

ともかく、北魏がいったん華北を制覇し、さらに中華世界の中央たる洛陽《らくよう》（もともと伝統的にこのあたりを土中《どちゅう》、すなわち大地の中央といいました。中華大陸の真ん中と考えたのです）に乗りこんで、あらたなる発想でかつてない帝都を築きました。異族による新しいタイプの都である洛陽城の出現と、それにかかわるさまざまな新企画・新発想は大きな衝撃となって、日本を含めた東アジアの周辺国家・地域にただちに伝わったことでしょう。ところが、しばらくしてその北魏に翳《かげ》りがさし、その後いろいろな経緯をへて結局は東魏《とうぎ》と西魏《せいぎ》のふたつに分裂し、ついでそれがそれぞれ北斉《ほくせい》と北周《ほくしゅう》に代わり、さらには北周から隋、そして唐というかたちでバトンリレー式に政権が移ってゆきました。

しかし、国家としてのかたちや権力のあり方、その基幹勢力としての構成や顔触れなどは、北魏から隋・唐までほぼ一貫しており、いわば王家だけが交代したといってもいいすぎではないでしょう。筆者はかねてよりこれらを「拓跋国家」と名づけ、一括したものとして眺めるほうがいいと考えています。また、西方人たちもこの連続政権を「タブガチュ」「タウガス」などと呼んでおり、それが客観的な姿であったといっていいでしょう。というのは、タブガチュ云々はあきらかに「拓跋」にもとづく呼び名でしかありません。ようするに、北魏・東魏・西魏・北斉・北周・隋・唐と、王朝としての名は一見それぞれ違っていても、所詮はみなタブガチュ、つまり「拓跋」なのだと周辺の勢力もちゃんとわかっていたのです。

われらが古代日本は、このあらたに出現した多人種からなる大型の軍事・行政帝国にいっぽうでは威圧も感じつつ、しかしニュースタイルの国家システムについての〝学習〟と摂取、そして当然ながら国家防衛と外交の見地から、ともかく通交することになったのです。いわゆる遣隋使・遣唐使なるものは、こうした脈絡のうえにあります。

それにしても、遣隋使・遣唐使、そしてそれぞれの随行団の人たちにとっては、文字通り命懸けの、ほとんどいちかばちかに近い〝渡海〟でした。ともかくも日本国の大陸国家への関心・意欲は、ただならぬものであったというほかはありません。

壮挙と自殺行為の間

大陸へのルートについては、すでに述べましたように、まず壱岐・対馬をへて韓半島沿岸をゆくルートがあり、ついで韓半島に立国した新羅との関係が悪くなって、そのためいったん屋久島・奄美大島方面へと南下し、そこから長江河口へ一気に渡航するコースとがありましたが、結局は五島列島から東シナ海を渡るルートに収斂されてゆきました。

ともかく当時の日本国家としては壮挙といっていいものだったのでしょうが、すでに述べましたように、安全度が高い韓半島沿岸経由ルートが使えなくなった結果、その後の派遣団の人びとにとっては、死を覚悟した〝自殺行為〟にちかいものでした。そのひとつの典型となるのが、聖武《しょうむ》天皇の治世の天平五年（七三三）に催された多治比真人広成《たじひのまひとひろなり》を大使とする派遣団でした。数ある遣唐使のなかでも惨憺たる経緯をたどり、とりわけ平群広成《へぐりのひろなり》はヴェトナムにまで流され、結局は四人だけ生き残り、苦難のはてに長安にもどったうえ

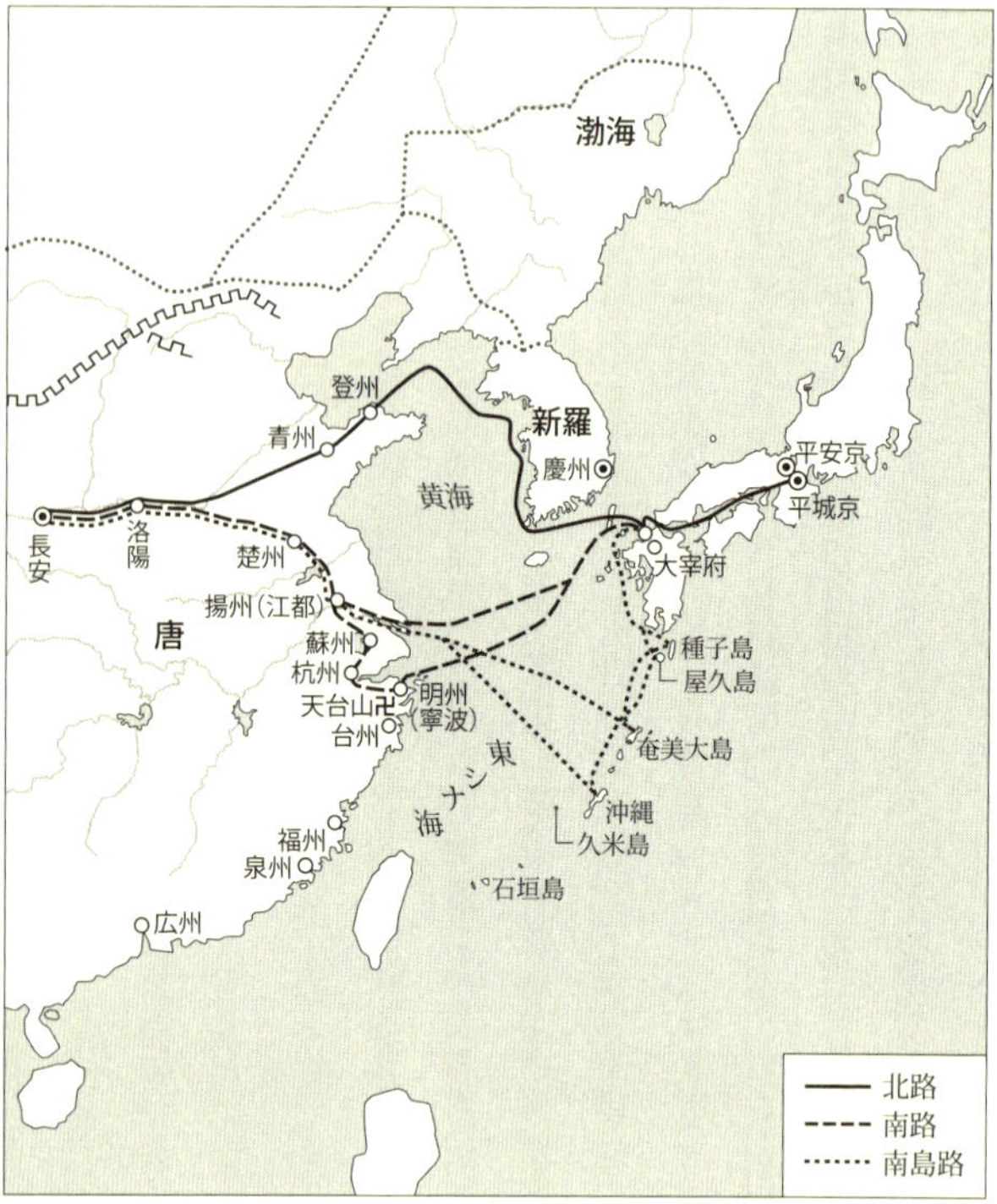

遣唐使の大陸への3ルート

で、さらに渤海国をへて帰国するという、まことに稀有というほかはない経験を味わっています。最近、上野誠さんがこれを採りあげて、『天平グレート・ジャーニー――遣唐使・平群広成の数奇な冒険』という〝学芸エンターテインメント〟に仕上げられ、随分と評判を呼びました。

ここでは特に、五島での状況がそれなりによくわかる三つのケースを採りあげてみます。まず第一の例は、光仁天皇の宝亀《ほうき》七年（七七六）のこと。なお、その前年には、かつて二度も唐に赴いて無事に帰還した名高い吉備真備《きびのまきび》が、八十三歳という高齢で他界しています。第十四次の遣唐大使となった佐伯今毛人《さえきのいまえみし》を筆頭とする五百人余の大デレゲイション（派遣団）は、四隻に分乗して、博多から五島の合蚕田浦《あいこだのうら》に入港しました。現在の中通島の北西側、天然の良港である青方《あおかた》港のことだとされます。

ときに、佐伯今毛人は五十七歳。当時としてはかなりの年齢といってよかったのですが、一カ月あまりも合蚕田浦にとどまったまま秋となりました。結局、彼自身は順風にめぐまれなかったとして博多へもどり、来夏まで延長を許されました。もし、本当に渡航する気があれば、むしろそのまま踏みとどまって西南方からの海流と颶風《ぐふう》の強い夏から秋をやりすごし、北風が吹く冬期にこそ船出すればよかったのです。しかし、おそらく彼は五島列島の西にひろがる大海原と波濤におじけづいたのでしょう。翌宝亀八年、かさねて遣唐大使に任じられたのですが、病と称して大使の象徴である「節刀《せっとう》」を返上してしまいました。仮病だったといわれます。

かくて、副使の小野石根《おののいわね》が代行して五島を発し、四隻のうち三隻は二十日たらずで揚《よう》州《しゅう》に達し、のこる一隻も揚州の北の楚州《そしゅう》に無事いたりました。これは、かなり幸運だったといっていいでしょう。ところが、翌年の帰路は悲惨なこととなってしまいました。以前から在唐していた留学生や唐からの答礼使など、それぞれ百六十人を乗せた四隻は日本にむかったのですが、副使・小野石根や答礼使・趙宝英《ちょうほうえい》たちが乗船した第一船は、風波のため洋上でふたつに切断され、小野石根・趙宝英ら六十三人は海に消えました。二つに分断された船体のうち、〝へさき〟部分に四十一人、〝とも〟の部分に五十六人がはりついて漂流し、〝へさき〟部分は九州天草に、〝とも〟の部分は甑島《こしきじま》(薩摩の国)になんとかたどりつきました。

また、第二船は薩摩の出水《いずみ》郡に、第三船はいったん座礁して修理ののち、まさに五島・

福江島の西端にあたる「橘浦《たちばなのうら》」、すなわち玉之浦にいたりました。さらに、第四船は耽《たん》羅《ら》、すなわち今のチェジュドにいったんは達し、遣唐判官らは島の人たちにとらえられたのですが、のこる四十余人は再び漂流して甑島にいたったのです。ともかく、怖るべき遭難率だといわざるをえません。なお、なんとか帰り着いた先が、九州の西南辺にあたる天草・出水・甑島あたりか、もしくは耽羅であり五島であったのは、東シナ海という荒海における〝海上の要衝〟というべきところは一体どこであったのかを雄弁に物語ってくれるかのようです。

空海の名文

次なる例は、平安時代になってからのことです。桓武天皇というある種の〝大帝〟の長い治世のさなか、ときに延暦二十年（八〇一）のこと、第十六次の遣唐大使に藤原葛野麻呂《かどのまろ》が起用されることになりました。この使節団派遣は、なにかと注目される顔触れがつどいあい、まことに波乱万丈、後世へ大きな影響をのこします。まず、任命の二年後の延暦二十二年、例によって四船からなる遣唐船団が難波を出発しますが、なんと瀬戸内海で暴風雨のため遭難し、多数の溺死者が出て再渡航となります。

やがて、改修なった四隻は翌延暦二十三年、博多を出発するのですが、第一船に大使のほか空海と橘逸勢《たちばなのはやなり》（嵯峨天皇・空海とともに「三筆」とされます）が、第二船には最澄がそれぞれ乗り組んでいました。この船団もまた、五島列島を経由することになりました。具体的には、『肥前国風土記』にいう「相子田《あいこだ》のとまり」と「川原浦」、すなわち既述の青方と福江島北岸の現・岐宿《きしゆく》にあたる川原の浦には、少なくとも停泊したのだろうと推測されています。さらには、『日本後紀《にほんこうき》』（四十巻。六国史のひとつで八四〇年の成書。ただし、現存するのは十巻）には肥前国松浦郡の「田浦《たのうら》」を発したとしるされています。であれば、福江島の東隣りにある久賀島《くがしま》の田ノ浦を経由しつつ、福江島の北側から西岸に回り込み、そこから多分まちがいなく玉之浦を出帆して東シナ海へと乗り出していったと考えられます。ときに、延暦二十三年七月六日のことでした。

ところが、その二日後、七月八日には第三船・第四船ともに姿を消してしまいました。結局、第三船は遭難して唐に到ることなく、第四船はのちなんとか唐に達したものの、詳

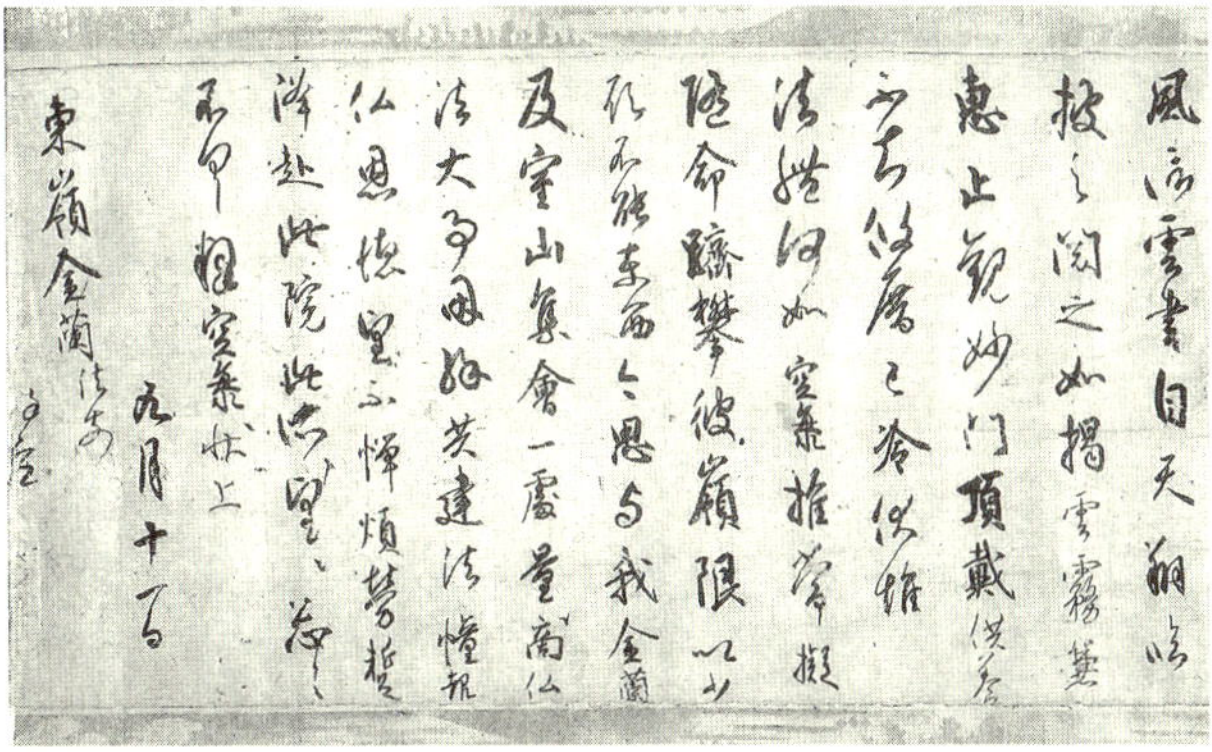

空海の雄渾な書跡を示す「風信帖」

玉之浦の椿。五島では例年２月から３月にかけて椿が咲き誇る

細は不明です。かたや、最澄が乗船した第二船は、ことなく大陸にたどりついたのですが、空海らが乗った大使船は波濤に弄《もてあそ》ばれて、三十四日ののち、ようやく福州（現・福建省）に達したのでした。ところが、現地の長官以下の取り調べはまことにきびしく、そこで空海は大使の名で書状をしたためました。これがまことに堂々たる漢文でしるされた、とてつもない名文でした。

日本国からやってきた正式の国使であるのに、かような仕儀は不本意であり、しかるべき応待を求めんとする見事なまでの書面に、当地の責任者である観察使、ひらたくいえば地方長官は驚嘆し、〝東夷〟にもかかる人はいるのかと態度をあらため、かくて一行はきちんとした処遇をうけたとされます。この「大使の為《た》めに福州の観察使に与《あた》うる書」は、空海の文集である『性霊集《しょうりょうしゅう》』におさめられています。とくに、渡航の困難とすさまじい海波の様子を綴った文章は実にドラマティクな名文で、当時三十歳にしてこれほどまでの美文を書き、かつ迫力ある描写力をもっていたことには感心させられます。ややもすれば、空海のある種のあくの強さにげんなりするむきもあるやに聞きますが、とにもかくにもまずは好悪をこえて、突出した能力と才気、そしてデモーニシュなまでの独特の〝覇気〟や

〝野心〟を否応なく偲ばせてくれます。とにかく日本史上でもめずらしいほどの異能人だったことは確かでしょう。

幸運の人、最澄

その後、第十六次の遣唐使船は翌延暦二十四年（八〇五）、日本に戻るべく再び大海原に乗り出します。そのさい、第一船には大使である藤原葛野麻呂が乗り、最澄も同船して対馬に、また第二船は五島に、それぞれともかくたどりつきました。なお、最澄については、唐に渡るまえの年に九州に赴いて各地の寺社にて航海の無事を祈り、帰国後はまた九州にくだって宇佐八幡などにもうでて神仏に謝しました。それもあってか、最澄は、往復ともに無事でした。

ちなみに、五島には最澄が渡航のまえ、福江島の西端にあたる玉之浦の白鳥神社に渡海の安全を祈願し、帰還後には十一面観音像を奉納したという伝説ものこるそうです。はたしてそれがどこまで事実かどうかはさておき、危険きわまりない往返に臨んで、ともかくも臆病なまでにひたすら神仏の加護を求め尽さんとする最澄の人間くささと正直さ、そして無事の生還に感謝する実直さには、まことに印象深いところがあります。

もっともそうはいうものの、恐怖の大海原を行きも帰りも、これといった災厄にあうこともなく往還するあたり、むしろ大変な幸運児、また強運の持ち主だったとはいえるでしょう。ともすれば生真面目で律儀というイメージが先行しがちですが、そうした固定観とは別に、むしろそれ以上に、その実像は意外に逞しい人間だったのかもしれません。そのいっぽう、じっさい逞しすぎるほど逞しい空海はといえば、一年長く在唐し、密教の〝秘奥〟をきわめて、別便で帰国をはたします。その空海についても、やはり玉之浦の大宝寺縁起によれば、大宝の海岸に漂着してしばらくは大宝寺にとどまり、かくて同地は「西の高野《こうや》」と呼ばれることになったといわれます。日本国に宗教・文化の新時代を開いた空海・最澄というふたり、そして日本の西端である「五島・玉之浦」——。そこに不思議な〝えにし〟が交錯するかのようです。

なお、もうひとり空海と最澄とともに渡った実力者がいました。それは留学僧の霊仙弟子。唐に赴いてからわずか数分にしてサンスクリットに通じ、日本でただひとりの訳経三蔵となりました。ともかく抜きんでた才能だったと想像されます。もし彼が無事に帰国していれば、日本仏教界はかなり違った足どりをとったのではないか、とはよくいわれるところではあります。日本人ではじめて五台山に赴いた霊仙は、そこでも抜群の能力を発揮し、海をこえて嵯峨天皇・淳和《じゅんな》天皇のふたりから二度にわたり黄金百両ずつを賜ったほどだったのですが、在唐中に不幸にして毒殺されてしまいました。ひょっとすると、優秀すぎてあるいは猛烈なジェラシーの的となり、その挙句に殺されてしまうことになったのかもしれません。ともすれば、男の嫉妬や功名心というなにかは、時に人を狂わせてしまうことがあります。ここにはあえて述べませんが、霊仙と空海の交流には、いろいろと心うたれるところがあります。ともかく霊仙の死は今のわたくしたちが思う以上に、日本にとっては大きな損失だったのかもしれず、このあたり、いささか残念です。

小野篁の怒り

さて、すでに述べましたように、遣唐使は八九四年、大使に任ぜられた菅原道真の建議で中止されます。その結果、第十七次の遣唐使は最後の派遣団となりました。ところが、この使節団は徹頭徹尾うまくゆかず、災難と騒動があいつぎ悲惨な結幕となります。であればこそ、それがひとつのショックともきっかけともなり、結局は遣唐使派遣の打ち切りという事態につながったのです。

ところで、その十七次の使節団派遣ですが、仁明《にんみょう》天皇の承和《じょうわ》三年(八三六)のこと。大使は藤原常嗣《つねつぐ》、副使は小野篁《おののたかむら》でした。大使の藤原常嗣は、第十六次の大使であった葛野麻呂の子で、父子二代でつづけざまに遣唐使に任じられるのは異例のことでした。また、小野篁は、かの名高い最初の遣唐使であった小野妹子の五世の孫で、当時三十代なかば。弓馬・漢詩文ともに通じた文武両道の俊才でした。まず一行は、京の北野にて天神・地祇《ちぎ》をまつり、賀茂大神にも奉納して無事を祈りました。例によって四隻からなる一行六百余人は、五月十四日に難波を出発、ところがわずか四日後の十八日には大暴風のため摂津国の輪田《わだ》の泊(現・神戸)にしばらく退避せざるをえませんでした。そして、ふたたび帆をあげて筑紫(九州)に到り、七月二日には博多を発したのですが、四隻ともにまたしても嵐に遭遇して漂い、大使の乗る第一船と第四船は肥前に漂着、のこる二船はいったん行方不明となりました。

しばらくあって、副使の篁が乗船した第二船のほうは、なんとか肥前国の別島《わけしま》に流れ着いたものの、とりわけ第三船は舵が折れ海水が浸入して、文字どおり波間に漂う事態となりました。船板をはがして複数の筏《いかだ》を作り、そのひとつは対馬に、別の筏は肥前に到り、さらにボロボロになった第三船の本体もまた対馬に漂着しました。結局のところ第三船に乗り組んだ百四十余人のうち、生存したものはわずかに二十五人のみという手ひどい事態となってしまったのです。つまり、いずれの船も九州周辺というか、日本の海域を出ることさえできなかったのです。

しかし、それでも遣唐船団の派遣はやみませんでした。その翌年、修理しようもない第三船は別として、三隻で渡航がおこなわれ、既述の現・福江島の北岸にある旻楽《みみらく》（美弥楽《みみらく》もしくは旻美楽《みみらく》とも書きます。現在は三井楽）をめざして博多を発したのですが、またも逆風に遭遇して第一船・第四船は大きく破損して壱岐に流され、のこる第二船は五島の値嘉島に漂着、またしても日本を出ることなく終わりました。

こうしたひどいダメージを重ねてうけながらも、なんとその翌年、すなわち承和五年

（八三八）、三度目のチャレンジがおこなわれることになりました。このあたり、京都朝廷の意欲はただならなかったといわざるをえません。しかし、これだけの失敗と苦難を重ねた挙句となれば、人の心は変わります。はたしてそのままで済むはずはなかったのです。大使の藤原常嗣は破損の少なかった第二船を指定して、それを第一船となしてみずから乗座し、逆に大破した旧第一船を副使である小野篁が乗船する第二船としたのです。しかし、血の気の多かった小野篁が、これに納得するはずはありませんでした。篁は病と称して乗船・渡航を拒絶してしまいました。

小野篁にしてみれば、かつて第十四次のさい、おじけをふるった大使・佐伯今毛人のかわりに副使ながら渡唐して、不運にも命をおとした小野石根は同族であり、そのうえまたみずからも明らかに危険な旧第一船を振り当てられるのは、さすがに我慢がならなかったのでしょう。ただし、小野篁のほうも、入唐を拒否している間に「西道謡《さいどうよう》」なるものをつくって政府批判というか、ことさらな風刺をしたとして時の実権者である嵯峨上皇の激怒をさそい、隠岐に流罪とされます。このときは嵯峨の息子である仁明天皇も、そうするよりほかありませんでした。そうしたいっぽう、自身も文章や書にひいで、かつは滔々《とうとう》たる唐文化の影響と儒教式の徳治主義がもてはやされた頂点にあたる当時、仁明天皇本人もまた、好むと好まざるとにかかわらず、遣唐使団派遣の推進者たらざるをえなかったのでしょう。そうとでも考えなければ、これほどの度重なる失敗や不運、そして犠牲や莫大な費用をはらってまで、しつこく遣唐使派遣にこだわったことを理解しにくいからです。

なお、これは純粋に余談ながら、よく知られていますように小野篁という希代《きたい》の人物は、この世とあの世を往還して閻魔《えんま》大王にも仕えたなど、さまざまな伝説にいろどられています。父の岑守《みねもり》は文人貴族官僚として名声が高く、財務能力にもすぐれていました。ところが、息子の篁のほうはといえば、少年期には弓馬に熱中して嵯峨を驚かせたとされますが、「子」の字を十二つらねたものを見せられて「ねこの子のこねこ、ししの子のこじし」とあざやかに読み解き、嵯峨をまた驚かせたという才子でした。小野篁は、たしかに幾度も死にかけ、しかしそれでも遂に死ななかったことから、やがて不死身の人間とイメージされることになります。なお、よく知られていますように、京都の六波羅にある六道珍皇寺《ろくどうちんのうじ》には、篁が二つの世界をいったり来たりしたという井戸が今ものこっており、〝京都異界案内〟の観光スポットのひとつとなっています。興味のある方は、どうぞ御覧になって下さい。ちなみに、わたくしも友人・知人や海外の来訪者がおいでになると、祇園界隈の寺社はもとより、必ず六道珍皇寺にも御案内することにしています。

円仁の旅日記と遣唐使の廃止

さて、いろいろとありすぎた第十七次の遣唐使節団は結局のところ派遣が実現し、その第一船には大使・藤原常嗣のほか、のちに最澄の衣鉢《いはつ》を継いで比叡山延暦寺の第三世座主《ざす》となった円仁《えんにん》（慈覚大師《じかくだいし》）も乗船しました。かくて、その年の七月二日には長江河口に到着、他の二船も同様でした。そして、さらに翌承和六年には、九隻の新羅船をチャーターして無事に帰国しました。

いっぽう、円仁はといえば、その七月に使節団のひとりとして中国入りをはたしたあと、承和十四年（八四七）に帰国するまで、足かけ十年にわたる困難な旅をつづけます。『入《にっ》唐求法巡礼行記《とうぐほうじゅんれいこうき》』と名づけられたその見聞日記（四巻）は、仏教がらみの記事にとどまらず、非常に具体的でヴィヴィッドな渡航の様子をはじめ、遣唐使や在唐留学生たちのありさまや、また当時すでに傾きかけていた唐の政治・社会・経済・文化・国際情勢など、その筆の対象は多岐にわたり、まことに貴重な証言・歴史史料となっています。ちなみに、かの元駐日米大使ライシャワーさんの英訳によって世界的にも知られるようになりました。また、大使であった藤原常嗣については、なにかと不評・不運がつきまとい、本人自身もやや力不足のところもありましたが、さんざん苦労した挙句に、四十五歳で他界したのでした。時をこえて、まことに気の毒な人だったといわざるをえません。

やがて、こうしたもろもろの結果として寛平六年（八九四）、道真によって遣唐使は廃されるわけですが、以上のような正式の使節団とは別に、唐船や新羅船を利用した日・唐間の往来がさかんとなります。まさに、かの承和六年に藤原常嗣以下が唐からの帰途に利用したのを皮切りに、唐王朝が滅亡する九〇七年（延喜七）まで、およそ七十年間、わかっているだけでも三十回余りに達したといいます。たとえば、承和九年（八四二）のこと、唐の李処人は博多からの帰国のさい、「値嘉島の奈留《なる》浦で造船した」との記録があります。また、五年後の承和十四年には、三十七人が乗った唐船がやはり五島の奈留島の奈留浦に着き、それには入唐僧の恵運《えうん》以下が便乗しており、さらに新羅人の金珍なるものの船が着岸、かくて円仁をはじめ、弟子の惟正《ゆいしょう》や性海《しょうかい》などが帰国をはたしました。

さらに仁寿三年（八五三）には、円珍をはじめとする一行が福州に渡り、その五年後の天安二年には明州を発した唐人の李延孝の船が、二十日たらずで旻美楽（三井楽）に到着、それに円珍が乗船していたのでした。貞観四年（八六二）には平城天皇の第三皇子で、嵯峨天皇の皇太子ともなった有名な真如法親王《しんにょほう》（高岳親王《たかおか》）が、三井楽の柏から唐に赴き、さらにインドをめざす途中で他界しています。虎に喰い殺されたともいわれます。

さて、ここで注目すべきこととして、『日本三代実録』には、「唐・新羅より来る人や、本朝から唐に赴く使など、ともかく値嘉島を経ないものはいない。この島は我が国の枢要の地である」としるされています。なお、真如法親王のために、船を造ったという松浦郡の柏島は、「遠値嘉《おちか》」と書かれているので、福江島の北西岸にある三井楽の柏であるとされています。また、国文学史上に名高い成尋阿闍梨《じょうじんあじゃり》が搭乗した入唐船も、松浦郡にいったん寄港したのち、南下しています。ともかく、値嘉島といい、遠値嘉といい、当時における、五島列島のもつ重要性が実によく偲ばれるといっていいでしょう。

総じていえば、日本国は昔から海外との交流や海外からの摂取にきわめて熱心であったというか、別のいい方をするなら「内むき」では決してありませんでした。そして、そのさい日本の西端に位置する五島列島は、独特の地理的スタンスと大陸往還の窓口たる役割をになって存在していたのでした。日本の歴史を通観するならば、むしろいわゆる「鎖国」の時代にも決して門戸を閉ざしていたわけではなかったものの、古代から中世・近世にかけて連綿とつづいてきていた海洋文化と船にかかわる技術、そしてより大きな海へのまなざしと意欲をいくらか失ったことが残念といわざるをえません。しかし、やがて時代は否応なく大きなうねりとともに変わりゆくことになります。

第二章　モンゴル来襲と中世の五島

島と海に生きる人びと

さて、五島列島を中心として、その周辺の陸と海が交錯する歴史をあらあら辿りゆくだけで、一冊どころか二、三冊の書物をものしても、あるいはまだまだ紙幅が足りないかもしれません。

五島氏は、もともと宇久《うく》氏と称していました。すでに述べましたように、平戸島から西のかた海を渡って、五島列島の最初の島が宇久島です。宇久島は決して大きな島ではありませんせん。しかし、九州本土にもっとも近く、いわば〝足がかり〟としての重要な意味をもっていました。宇久氏はまさにそこを拠点に、やがて五島列島全体を支配することになっていったのです。そして、のちに五島氏と改称することになります。

ところで、その宇久氏はといえば、はたして源流はどのくらいさかのぼるのか、実のところ定かにはわかりませんが、ひとまずは平安時代の末ころにはなんらかの〝かたまり〟はあったのでしょう。そして鎌倉時代から室町・戦国期にかけて、ささやかながら次第に浮上していったとおもわれます。このあたり、どこかはるけき時代の過去の人々の営みを、茫洋とした海原の彼方に求めるような気分になるのも、おそらくわたくしだけではないでしょう。そのいっぽう、肥前の国のうち松浦《まつら》四郡の一帯には宇久氏のような中小の集団があれこれと結成され、各々がそれなりに独自の拠点を構えつつ、全体としてはゆるやかに、また広やかに割拠した結果、〝海の武士団〟といってもいい、きわめてルーズなかたちでの連合体が出現していったのです。宇久氏というこぶりの集団は、松浦党のなかの、あくまでもそのひとつだったのです。

　ひるがえって、松浦党という連合体の歴史は、かなり古くにさかのぼります。宇野御厨《うののみくりや》（長崎県の北松浦半島の北岸、突端に津崎灯台が立つ小半島の根本《ねもと》あたりに位置する）と称される古代・中世の神領《しんりょう》を中心として、東は現在の唐津市一帯から東松浦《まつうら》半島にかけての「上《かみ》松浦」に、波多《はた》・石志《せきし》・荒古田《あらこだ》・神田《かんだ》・佐志《さし》・呼子《よぶこ》・鶴田《つるた》の諸氏が、かたや今の伊万里市一帯から西のかた、北松浦半島から平戸島にいたる「下《しも》松浦」には、御厨《みくりや》・峯《みね》・今戸《いまど》・志《し》佐《さ》・庄山《しょうやま》・早岐《はいき》・伊万里《いまり》の諸氏が、それぞれ自前の所領と領民をもって点在し、おおまかにいえば上下ふたつの松浦党にわかれながら、全体としては至極ゆるやかなまとまりをつくっていました。そして、それらを総称して「松浦四十八党」と呼んだのです。なお、御厨というと、いかにも古い匂いがしますが、それもそのはず、もともとは魚やさまざまな供物を献納する施設をいい、伊勢神宮や賀茂社の神領となり、実際上の荘園として経営・生産などの拠点となりました。もとより、武士団としての側面もおおいにあったわけです。

ようするに九州西北部、海と山とが激しく入りくんで平地は少なく、たいてい土地は瘦せ、さらに大小の島々が散らばって、多くは海をこそ「生きる糧《かて》」として暮らすほかなき人びとだったわけです。ひとつひとつの集団は、すでに述べましたように、おおむねささやかな規模だったとおもわれます。少なくともはじめのころは。しかし、そうした各地に成立した小集団を束ねあわせて、いわば〝同盟〟をむすび、その結果かなりの軍事力と存在感を、全体としてはもつことになったのでしょう。必ずしも彼らが一個の純然たる血族集団だったとはおもえません。むしろ、ケース・バイ・ケースというのか、事情はそれぞれ、もとは別々に生きつつも、ゆるやかにつながった仲間のような間柄だったのかもしれません。そこには個人としても集団としても、上下関係や縁故の濃淡があったに違いありませんが。

あやしげな貴種流離譚

いっぽう、宇久氏も含む松浦党は、その源流をたずねますと、なんと嵯峨天皇の第十二皇子で、臣籍降下して源融《とおる》と名乗った人物だといわれます。源融ならば、平安時代初期の超有名な公卿で、従《じゅ》一位・左大臣となり、京の都のなかでも河原院や東六条院などの宏壮きわまりない豪邸を構え、世に河原院とか河原左大臣などと呼ばれ、かつはまた宇治の地にのち平等院となる別荘を営んだことでも知られます。

ただし、これはまさに「自称では」、というほかはありません。こうしたたぐいのことはいくらもあって、先祖をやたらたいそうな人物にしたがる傾向は、古代や中世の日本のみならず、また時代と地域を問わず、世界中でよく見られることではあります。この手の縁起譚というか先祖伝説といったらいいのか、そのほとんどは自分の家柄や血統を限りなく立派な血筋か有名人につなげたいという衝動か名誉欲か、まあよくはわからないなにかにつき動かされた結果であって、つまるところ、人間というもののおかしさでしょう。ひるがえって、松浦党そして宇久氏にかかわる話がそれなりにもっともらしくなるのは、源融の八世の子孫とされる源久《ひさし》からのことです。

時は十一世紀のなかば、源久は肥前国にくだって松浦郡の宇野御厨の検校《けんぎょう》、すなわち現地の一括管理人である荘官となり、かつは検非違使《けびいし》として志佐郷《しさごう》（現在の長崎県松浦市今福）に住《すまい》したといいます。なお、この時に源久は今福の北東、伊万里湾を見おろす城山に梶谷《かじや》城を構えたとされますが、これまたはたして厳密に一体いつのことか定かではないでしょう。むしろ、このあとが肝心です。

源久には七人の男児があって、長子の直（読みは「なおし」、もしくは「すなお」）が、在地経営の中核であるところの御厨に住して松浦氏と名乗り、次男以下の面々はそれぞれの所領地の名を採って、次男の持《たもつ》は波多、三男の勝《まさる》は石志、四男の聞《きこゆ》は荒古田、五男の広《ひろし》が神田、六男の調《しらべ》が佐志と称しました。なお、七男の高俊は養子で、平氏に仕えてくだんの一の谷の戦い（一一八四年）で戦死したといいます。ちなみに、嵯峨源氏の系統は一字名であるのが特徴で、先述の源融を先祖としたためでしょうか、これは事実上の始祖である源久やその長子の源直をはじめとする松浦源氏のみならず、宇久氏などについても長らく踏襲されました。

前述の源直あらため松浦直らは、文治元年（一一八五）の壇ノ浦の合戦にはやはり平家方となって出陣したのだそうですが、すでにこのころ宇久氏・小値賀《おぢか》氏・青方《あおかた》氏・白魚氏・奈留氏といった五島にかかわる面々が登場してきます。

さて、宇久氏の出自についてはニ種の系譜が伝わっています。ひとつは、清盛の父、平忠盛の第四子で池《いけ》の禅尼《ぜんに》（平忠盛の後妻で、夫の没後は六波羅の「池殿」に住したのでこう呼ばれました）を母とする平家盛だというものです。家盛に従って宇久島に渡ったとされる五人衆のひとり、藤原久道なる人物がしるしたという『蔵否輯録《ぞうひしゅうろく》』によれば、久安六年（一一五〇）に家盛は二十六歳のとき、なぜか京を離れて行方しれずとなったとあります。にもかかわらず同書には、家盛は建久元年（一一九〇）八月に没したとされ、その間の四十年のいつかに、宇久島にやってきたのだといわんばかりの筋立てです。

しかし、これはある種の〝貴種流離譚〟のたぐいというか、よくある附会《ふかい》説話というほかありません。なぜなら広く知られていますように、一一五九年の平治の乱のさい、かの源頼朝はそのときまだ十三歳でしたが捕えられてしまいました。しかし、池の禅尼は早くに他界したわが子の家盛に似ていることから、頼朝の助命を求めて彼を救い、のち頼朝は権力者となったとき、禅尼のもうひとりの息子で家盛の弟にあたる平頼盛を保護し、鎌倉にまねき、禅尼の恩にむくいました。そして、平氏滅亡後も頼盛の所領は安堵されて、子孫に受け継がれたのです。こうしたなりゆきが歴史上の事実として動かないからには、宇久氏の先祖を平家盛とするストーリーは無理なのです。

源平合戦のころから

かたや、もうひとつの系譜では平氏の血筋どころか清和源氏の系統だとされ、武田次郎信弘という人物を始祖だとします。それにかかわる史料となるものが、江戸時代になって五島藩から幕府へと提出されたのでしたが、その後それを撰した家臣が讒言《ざんげん》によって文字どおり島流しにされています。このあたり、ややこしい事情があったのでしょう。では、その武田信弘なる人物はといえば、文治三年（一一八七）、平戸の黒髪山のふもとに住して九百町の耕地を保有し、のち宇久島に渡って城を構え島々を治め、宇久家盛と称したといいます。これまた、なんとなくあやしげではあります。

しかし、ともかく壇ノ浦の戦いで平氏が覆滅したのが文治元年、すなわち一一八五年のこと。それからわずか二年して、武田信弘なる清和源氏の血をひくものが突如として出現し、平戸一帯から海をこえて五島列島の北端に位置する宇久島までを治めたというのは、いかにも無理が目立ちます。百歩ゆずって、九州にあっても源平交替の政治変動が及んだ結果のひとつとでも考えればよいのでしょうか。もしはたしてそうであれば、宇久氏の源流となったという武田信弘は、たとえばかの甲斐武田氏の庶流で安芸《あき》守護となった家系などと、あるいはかかわるのかもしれませんが、その可能性は限りなく乏しいとしか思えません。ようするに、清和源氏系の武田信弘うんぬんは、ほとんど創作としかいいようのない説でしょう。

こうした一見もっともらしい「お話」や「祖先づくり」は、時代をこえて数限りなく溢れており、誰か血筋のよさそうなプリンスやプリンセスをひきあいに出してくるのは常套手段といっていいのかもしれません。それも、その人物が早死しているか、もしくはいつとはなしに歴史のなかからフェード・アウトしていたならば、創作側としてはまことに好都合なのです。

そうしたいかにもあやしげな話はともかくとして、松浦党というゆるやかな連合体、その一員である五島氏のもととなる宇久氏は、平氏が興隆・衰亡するころ、徐々にではありますが姿をあらわしていったことになります。そういった動きはやがて、松浦党や五島列島だけにとどまらなくなります。大きな時代の図式で眺めれば、それはかつてない〝外圧〟とともに、日本という国家・政治の構造が中世から近世へと、ゆっくりと転回してゆくはじまりのときだったともいえるでしょう。

大陸からの風

宇久氏を含む松浦党にとって、さらには日本という国の全体にとっても、ほとんどそれまでにない大きな外圧・脅威・インパクトとなったのは、なんといっても十三世紀の後半の二度にわたるモンゴルの襲来でした。いわゆるモンゴル世界帝国については、筆者はそれなりに専門家のひとりではありますが、ここではユーラシア規模でのモンゴルの光と影はひとまずおいて、二度にわたる日本への侵攻のありよう、とりわけ対馬・壱岐・北九州あたりのことに絞って触れたいと存じます。

さて、いわゆるモンゴル襲来に先立ち、まずは当時の朝鮮半島にあった高麗《こうらい》国が数次にわたるモンゴル軍の侵略をうけ、さまざまな思惑・葛藤・抵抗のすえに、ついに事実上でモンゴルの附庸《ふよう》国となりました。そうしたうえで、高麗一帯をほぼ膝下《しっか》においたモンゴルは、次なるステップとして日本への海上侵攻をはかったのです。

まずは手始めとして、日本国の状況をさまざまに調査しつつ日本側の出方をさぐり、あれこれと駆け引きやりとりがなされたうえで、モンゴル側の年号でいえば至元《しげん》三年（一二六六）には、モンゴル皇帝クビライから日本国王あての有名な国書（次頁参照）が送られました。それを皮切りに、度重なる交渉をへて、クビライ側近の老臣ともいうべき女真（ジュルチン、ないしはジュシェン）人の趙良弼《ちょうりょうひつ》が九州は大宰府に逗留することになり、その後も趙良弼は再三にわたって博多に滞在することとなりました。

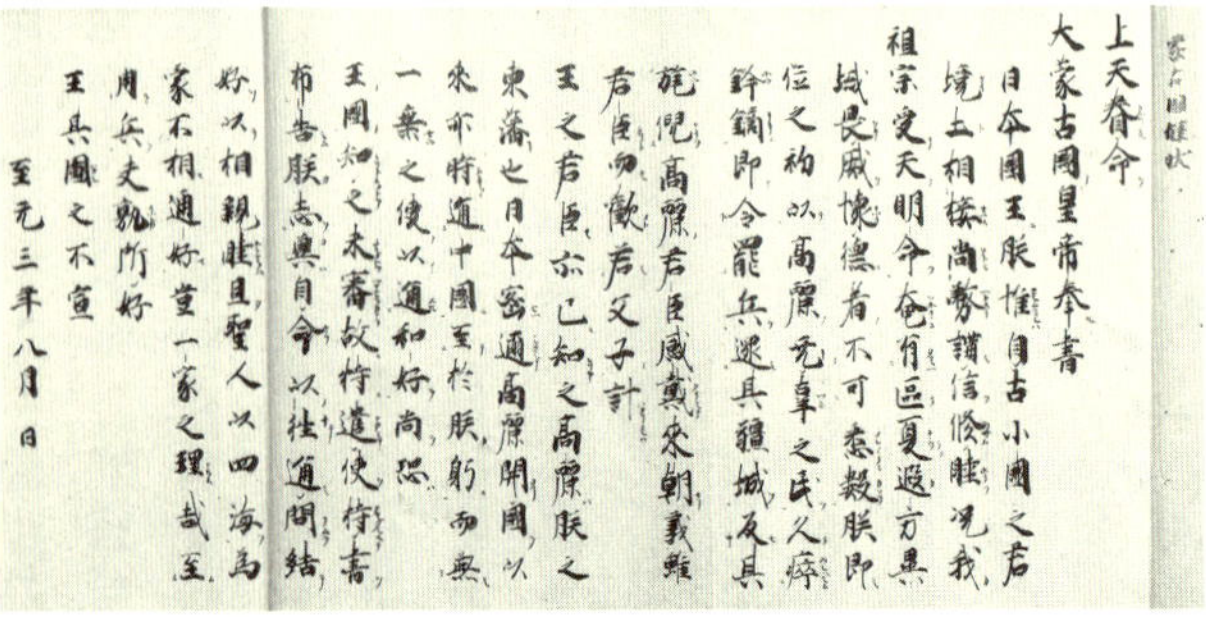
蒙古國牒状
上天眷命
大蒙古國皇帝奉書
日本國王朕惟自古小國之君
境土相接尚務講信修睦況我
祖宗受天明命奄有區夏遐方異
域畏威懷德者不可悉數朕即
位之初以高麗無辜之民久瘁
鋒鏑即令罷兵還其疆域反其
旄倪高麗君臣感戴來朝義雖
君臣而歡若父子計
王之君臣亦已知之高麗朕之
東藩也日本密邇高麗開國以
來亦時通中國至於朕躬而無
一乘之使以通和好尚恐
王國知之未審故特遣使持書
布告朕志冀自今以往通問結
好以相親睦且聖人以四海為
家不相通好豈一家之理哉至
用兵夫孰所好
王其圖之不宣
至元三年八月　日

モンゴルの襲来前、クビライから日本国王に宛てられた国書

天のいつくしまれた
大蒙古国（イェケ・モンゴル・ウルス）
日本国王にたてまつる。私がおもうに、昔から小国の君は、
領土がたがいに接していても、それでもまことを語りあい、ならい親しみあった。
まして、
チンギス・カン以来のわれらが歴代は、天の明らかな命令をうけて天下をことごとく
有し、はるか遠方諸国も、威をおそれ徳になつくものは数えきれない。私は即位
のはじめ、高麗のつみなき民が長くいくさにつかれているので、
すぐに兵をやめてその領土を返還し、その老若をかえすようにさせた。
高麗の君臣は感戴《かんたい》して私のところへやってきた。名義上では
君主と臣下だが、歓《たの》みは親子のようである。おしはかるに、
王の君臣も、もはやこのことを知っているではあろう。高麗は私の
東の藩屏《はんぺい》である。日本は高麗とまぢかく、国をつくって以降、
しばしば中国に通交した。ところが、私の治世になってからは、
一度も友好を通じる使いがない。それでも（私は）
王の国が十分にそのことを知らないのではと恐れている。そこで、とくに使いを
つかわして信書をもたせ、私の気持を布告させる。どうか、いまよりのちは、たより
を通じ好《よし》みを結んで、たがいに親しみあおう。そもそも、天子は四海をもって家
とする。
たがいに好《よし》みを通じあわないのは、一家としてのことわりだろうか。
兵を用いるなどは誰が好《この》むことだろう。
王よ、よくお考えあれ。意を尽くしません。
至元三年八月　日

こうしたねばり強いネゴシエイションや駆け引きが繰り返されるいっぽう、まことにしたたかな趙良弼は、九州一帯のみならず、日本各地の風土・人情・気風などを克明に調べあげてもいたのです。しかし、結局のところ和平交渉の努力は実をむすばず、クビライ陣営からの最後の招諭《しょうゆ》となった至元十年（一二七三）の交渉もついに無益に終わり、かくてやむなく開戦となったのでした。

さて、日本の年号では文永《ぶんえい》十一年（一二七四）の旧暦十月三日、モンゴル・高麗連合軍は韓半島の南岸にある合浦《ガッポ》を発して、まずは対馬、ついで壱岐へと来襲したのです。モンゴル・キタイ（契丹）・女真・華北漢人など、さまざまな多人種の顔触れからなる広義の混成モンゴル軍が、およそ一万五千。くわえて、実質上でモンゴルの保護国と化した高麗王国からの助成部隊が五千六百。さらに、乗組員やさまざまな役夫など、もろもろあわせて都合六千七百。以上合計して二万七千ほどが、三百艘の大船のほか、バートル軽疾船《けいしつせん》という上陸・急襲用の舟艇《しゅうてい》（なお、バートルとはモンゴル語で「勇士」のこと。おそらく戦士を乗せた特別快速船か）、そして給水用の小舟、それぞれがやはり三百ずつ、あわせて九百艘に分乗して日本へとむかいました。なお、このあたり、かなりアバウトな数字ばかりなのですが、そのように記録されているので仕方ありません。おそらく、記録する側もきちんとした数を把握していたわけではなかったのでしょう。それに、たとえば「モンゴル」といっても、既述のようにキタイ族もいれば女真族・漢族もおり、むしろ「純モンゴル」は意外と多くはなかったように思えます。あくまでも印象ではありますが、モンゴル兵そのものはせいぜいのところ六千あまりといったところではなかったでしょうか。

ひるがえって全軍を率いるのは、やや複雑な多人種構成を反映して、純モンゴル人の総司令官ヒンドゥ（漢字では忻都《きんと》と書き、「インド」を意味する）。ついで副官には、韓半島北域の軍民あげてモンゴルに直属した洪氏軍閥の息子、洪茶丘《ホンチャク》（洪は姓、茶丘は察忽《チャク》とも書き、モンゴル語で「時」を意味する）。そして、高麗軍の主将として金方慶《きんほうけい》。なお、彼はかつての新羅王室の子孫で、時代の風濤のなかで混迷を極めていた高麗国を辛くも維持した実力者。まことに聡明にして声望も高く、駆け引き自在の突出した名将でもありました。

こうして見ると、兵は寄せ集めに近いのですが、指揮官たちはそれなりのえりすぐりだったといえるでしょう。ちなみに、このときの主力となった面々は、それ以前に「三別抄《さんべつしょう》」と呼ばれる高麗国の軍団が反乱をおこして南のかた珍島《チンド》に奔《はし》り、さらに耽羅《たんら》、すなわちチェジュドにこもったものたちを制圧した経験がありました。つまり、モンゴル軍とはいいながら、すでにそれはそれなりに海上進攻の経験も積んでいたわけで、決して混成軍によるよせあつめの弱体な兵団とは限らなかったといえそうです。

一回目のモンゴル襲来

時はすでに冬のはじめ。北西の季節風という順風をうけて、二日後（十月五日）には対馬の西岸、佐須《さす》・小茂田《こもだ》浜に大船団が出現しました。その知らせは、二十キロほどへだてた東岸の対馬国の国府（現・厳原《いずはら》）に伝えられました。同地に居を構える地頭代は、老将の宗助国《そうすけくに》。彼はただちに部下のひとりを大宰府へ急報させ、みずからは総勢八十余騎をひきつれて、国府から山道を駆けに駆けたのです。そして夜明けとともに、通訳の真継なるものを使者として敵船団にゆかせたのですが返答はなく、モンゴル侵攻軍は逆にかのバートル軽疾船にて上陸・攻撃してきました。そこで激しく戦いあったのですが、まったく多勢に無勢、助国以下すべて壮烈な討死を遂げてしまったのです。

なお、このとき当時の鎌倉幕府および日本国が採った態度について、古くから多くの疑問や議論が出されています。いわく、かねてよりモンゴル側からさまざまなかたちのアクションがなされていたにもかかわらず、幕府側はそれなりの返書も出さず、先方からの使節たちは斬罪にし、それでいて国際情勢の分析もモンゴル侵攻への備えもほとんどおこなわず、のほほんとして実に呑気であったというのです。そのひとつの結果として、むざむざと宗助国たちや島民を見殺しにしてしまい、さらに壱岐においてもやはり同様に、悲惨なままにほとんど見殺しにちかいかたちで打ち捨てることになったといわれがちです。さらにもしくは、別の論者たちによれば、はじめから対馬・壱岐などは放棄する考えだったといわれたりもします。

しかし、はたしてそう単純におろかであったと決めつけられるものなのかどうか。少なくともわたくしにはよくわかりません。たとえば、そもそも対馬・壱岐にそれぞれ大部隊を派遣することが、本当に可能だったのでしょうか。当時の分国体制にあっては、おおいに疑問といわざるをえません。また、たとえば宗助国が率いた八十余騎、そして十月十四日から翌朝にかけて、壱岐で善戦したおなじく守護代の平景隆《かげたか》麾《き》下《か》の百余騎という数は、

『蒙古襲来絵詞』では日本（右）に比べてモンゴル側（左）の騎馬兵はごく少数だ

このころの武士団としては実はそれほど貧弱というわけではありません。百騎前後の騎馬部隊というのは、鎌倉期においてはそれはそれなりの軍事力といっていいものでした。

いっぽう、モンゴル侵攻軍はどの程度の数の騎馬を乗船させていたのでしょうか。おそらく、ほとんどの兵は徒《かち》だったと推測されます。この時代にあっては、馬を船に乗せて運ぶということそのものが、きわめて困難でした。その結果、二度のモンゴル襲来を通じて、かの名高い『蒙古襲来絵詞《えことば》』が描くように、指揮官クラスも含め、モンゴル側はよほどの特別な将帥以外は馬に乗ってはいません。ひょっとすると、宗助国や平景隆たちのほうが、少なくとも騎馬の数では上回っていたかもしれません。対馬・壱岐での日本側の善戦は十分に考えられることです。

武士たちの矜持

くわえて、もうひとつ注目すべきこととして、両島での戦いで、宗助国も平景隆も島民を戦闘に動員していません。純粋に武士たちだけで戦ったのです。そこに彼らのプライドというか矜持を感じるのは、わたくしだけでしょうか。むしろ武士たるものは武士として、かたやその他の農民・漁民・一般民はそれぞれの分に応じたかたちでふるまい、かくてまことに見事なほどに〝職能分担〟がなされていたのではないでしょうか。なお、これまでともすれば両島とも制圧されたのち、島民たちは殺され、家々は焼かれ、残虐行為がおこなわれたとされがちですが、それをしるす確かな記録は実のところはありません。両島の人たちがみな惨殺されたならば、そののち〝人煙〟は絶たれたはずですが、二度目の来襲のときも両島にはちゃんと人びとはおりました。それにそもそも、モンゴル軍に住民たちを〝虐殺〟するような時間上のゆとりはありませんでした。ようするにこのあたり、従来いわれていることは、どこかイメージの世界に漂っているように思えなくもないのです。

また結局のところ、鎌倉幕府は博多・大宰府を防衛拠点とする方針を採ったわけで、かえって諸方に兵力を分散する愚を避けたといっていいでしょう。そして実際に、博多・大宰府に敵を迎撃する作戦は、少なくとも結果としては決定的に失敗したというわけではありませんでした。

モンゴル襲来の顚末《てんまつ》をここで詳しく述べるゆとりはありませんが、あえてひとつだけ触れますと、対馬・壱岐を襲ったモンゴル軍という名の、寄せ集めの雑多な侵攻軍は、十月十六日には肥前の西北海岸方面にむかいました。一説に、そのあたり一帯にひろがる松浦党とその生活圏を叩くためだったともいわれます。もしそうであれば、侵攻軍は松浦党という武士団を十分に意識して行動したことになります。あるいは、ひょっとしてそうした面もあったかもしれません。しかし、またそうでなかったかもしれません。ようするに、はたして事実はどのようだったか。わたくしたちは、いずれにせよその当時「なにが」「どうであったか」をきちんと知ることは、きわめてむつかしいというよりほかないのです。

ところがその結果として、北松浦半島・鷹島周辺・入野半島などでは、三日間にわたって凄惨・残虐な事態が繰りひろげられることになったとされてしまっています。しかし、やはりこれについても、おなじく確かな記録はほとんどありません。松浦党の有力な面々は、おおむねは博多に赴いており、上松浦・下松浦の全体が手薄となったところを狙われ、居残っていた松浦党の人たちも防戦したが及ばなかったとされています。しかし、対馬・壱岐での知らせは、当然、すでに伝わっていたに相違なく、その間かなり時間上の余裕はありました。であれば女・子供・老人といったもろもろの非戦闘員をあらかじめ避難させることは十分にできたとおもいます。ようするに、このあたり一体なにがおきたのか、あるいはおきなかったのか、いいようのない「空白」のなかにわたくしたちはいるのです。あらためて、歴史の真実を考えることは事柄の大小を問わず、まことに切ないことの多い行為であって、しばしば想像の翼をはばたかせたい誘惑と、その反対に禁欲という謙虚さのはざまのなかにゆれることであるといわざるをえません。

ひるがえって、やや繰り返しになりますが、侵攻軍はといえば、五日に対馬、十四日に壱岐、そして十六・十七日に松浦一帯と日をきざんで到来したのですから、避難するにしても、しかるべき応戦をするにしても、時間上ではそれなりの対応は問題なく可能です。それにもうひとつ見逃せないこととして、こののち上下ふたつの松浦地方で人口が激減したとも聞きません。ようするに、はたしてなにが根拠となっているのかは定かではありませんが、悲惨な殺戮・暴虐・非道をはじめ、さまざまなかたちで語られるおどろおどろしい話や言い伝え、そしてままありがちな思い込みと決めつけは、ここにおいてどのように受けとめたらよいのでしょうか。事実とお話とのへだたりはまことに大きく、どこかイメージ先行の気配が濃密に漂うのは否めないのです。

むしろ、壱岐を攻略した侵攻軍が、そこから真南のごく近く、静かな海面が扇状にひろがる伊万里湾一帯に南下・停泊するのは、地勢上も含めて至極当然のことだったのではないでしょうか。そのいっぽう、伊万里方面から東のかた、直接に博多湾へと侵入するのは、海流などの点から考えても意外にむずかしいのです。そのうえ、冬の玄界灘はひどくしけるのです。実際に十年ほど前、まさに冬季に博多―壱岐間をジェット・シップで往復したのですが、そのときの波濤はなかなかのもので、これは大変と痛感しました。さらに、一回目の〝襲来〟から七年後、すなわち一二八一年（弘安四）の二回目のモンゴル襲来においても、侵攻軍全体の規模は遥かに大きかったものの、伊万里湾の一帯に大船団を浮かべつつ、海岸に沿って東へとじりじり博多湾へむかって侵攻をはかるという図式は、ほとんど変わりません。というよりも、現実にはそれしか手段はなかったのです。

かたや、これとは別にモンゴル側も当然のことながら、幾度かの交渉の過程で日本についてのもろもろをそれなりに調べていました。とくに、皇帝クビライの老臣ともいえる先述の趙良弼の使節団は際立ってそうであり、すでに触れましたように九州北部の地勢・情況はもとより、京にいたるまでの地図や地勢図・海図などもあきらかに作製していたのでした。つまり、入念な下調べと準備のもと、あらかたの状況を把握したうえで、結局は一回目・二回目とも、ほぼ似たかたちの侵攻作戦と鷹島周辺海域での船団駐留となったわけなのです。

元寇という名の防衛戦争

さて、一回目のモンゴル侵攻軍は、それなりの抵抗戦にもあいましたが、かの松浦一帯も足早にすぎて博多湾に入り、よく知られていますようにそのまま上陸しました。ちなみに、このとき日本側はモンゴル軍の上陸をはばむような構築陣地や、なんらかの施設などは、特段もうけてはいませんでした。敵前上陸しようとする相手を水際で叩くというのは、言ってみれば至極あたりまえのことのように思えるのですが、そうした当然めいた発想や考えはどうやら鎌倉武士にはなかったようです。もっともこのことをもって日本側をいさぎよしとするか、もしくは暢気であったと考えるかは、いろいろと議論はありえるでしょう。それにまた、日本側にもあれこれ事情はあったことと思います。なにせ、外国軍と戦うなぞ、じつに絶えて久しいことだったのですから。そのいっぽう、当然ながら、先述のように騎馬の数については明らかに、日本側のほうが上回っていたでしょう。ただしここで大事な点は、モンゴル側は諸種族による混成部隊といっても、大陸ではふつうのことになっていた集団戦法を至極あたりまえのこととして採りました。かたや、日頃から個人単位の戦闘と功名争いになれていた鎌倉武士たちにとっては、戦い方がまるで違うというか、ある種のカルチャーショックとなり、随分と困惑したようです。

さらにまた、日本側の長矢は敵陣に届かないのに、モンゴル側の短矢はらくらくと日本側を襲いました。しかも、それには毒がぬられていたといいます。くわえて、花火式に爆裂する「てつはう」(鉄炮)も、日本陣営を混乱させたようです。ようするに、いろいろな点で戦争の作法がまるでちがっていたわけです。

とはいえ日本軍は、それなりに善戦しつつも、敵軍におされて博多・箱崎を失い、いったん大宰府めざして敗走せざるをえませんでした。ところが、十月二十日の夜、モンゴル軍がいったん博多湾上の兵船に退いたとき、かの名高い暴風が襲いました。モンゴル側としてはまったく思いがけないことで、相当数の船と兵員に損害が出たため、すみやかに戦闘継続をあきらめて、高麗国に帰投したのでした。これがいわゆる「文永《ぶんえい》の役《えき》」です。もっともモンゴル側としては、日本側の様子もほぼわかったうえに、この時点では、虎の子といっていい大事な兵船を数多く失うことを避け、なんとか最小限の損害ですみやかに撤退したのでしょう。モンゴル側の将領たちはいわば賢明だったわけで、まあ、ようするに小手調べといったところであったと思います。

二度目は移民船団？

それから七年の歳月がすぎ、一二八一年にふたたびモンゴル軍が日本へ来襲した際は状況が大きくかわっていました。すなわちモンゴルは大河に守られていた文化大国の南宋国を攻略して、南北中国、すなわち中華全域を手中におさめていました。かくて、一層の巨大化を遂げ、ユーラシアで突出した陸と海の帝国となったモンゴルは、当然のように日本への再来襲を企画したのです。

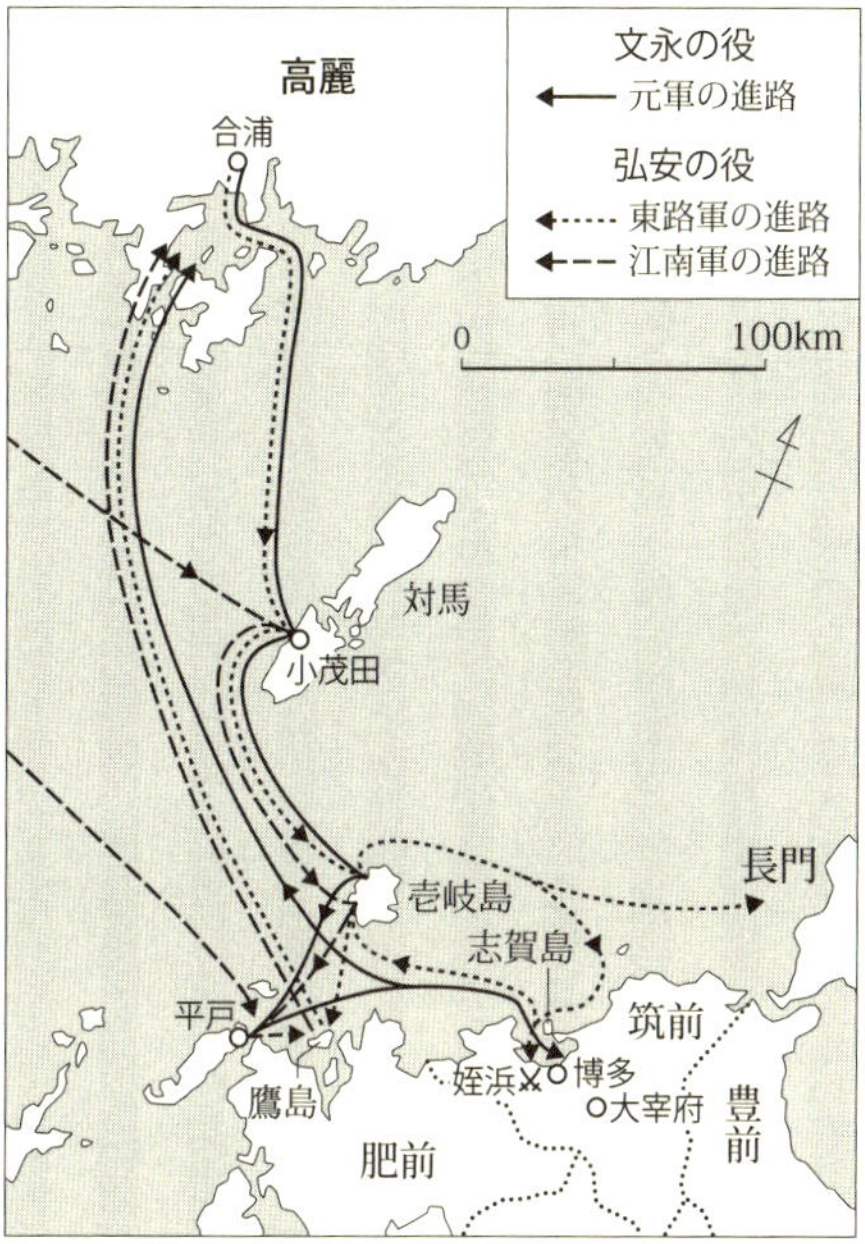

2度にわたるモンゴル襲来のルート

モンゴル軍は二手にわかれ、前回とおなじく高麗から発する東路軍四万とは別に、南中国の慶元《けいげん》（寧波《ニンポー》）から出発する江南軍十万をあわせ、合計十四万におよぶ大兵団でした。しかしそのいっぽう、今度は日本側も博多湾沿岸に石築地《いしついじ》を築き、周到に戦備をととのえていました。ようするに、どちらも〝ヤル気〟だったのです。しかし、つらかったのは明らかにモンゴル軍でした。上陸がままならないモンゴル側は、博多湾上に大船団を浮かべたまま約一カ月、なぜか時をすごしたのです。そして、八月一日（日本では閏《うるう》七月一日）の台風の来襲によって、多くの船と兵は海中に沈むことになってしまいました。かくて、のこる将官たちは残兵をとりまとめて帰国せざるをえませんでした。これを「弘安《こうあん》の役《えき》」といいます。

さて、二度にわたるモンゴル襲来をふりかえりますと、小手調べといってもいい一回目はともかく、二回目についてはモンゴル側は南宋国を接収・併合したあとで、江南軍という名の不要になった大量の旧南宋兵を乗せた艦船の数が異様に多かった点が目を引きますが、実はそれだけのことだったのです。十万をこえる巨大戦力というのは、全く看板にいつわりありのたぐい。その〝巨大兵団〟は、文字どおり張子の虎にすぎませんでした。実のところは武装などほとんどしておらず、鋤《すき》や農器具などをたずさえた集団入植というか、ありていにいえば移民船団だったのです。

クビライ政権としては、多くは老人や愚連隊めいた旧南宋の厖大な役立たずの「職業軍人」たちを、いわば海外投棄したといってもさしつかえないものでした。実際、こうした人たちの多くは、鷹島周辺で海の藻屑《もくず》となったのですが、なんとそのあとでも出遅れた江南軍の一部らしき船が、なおパラパラと平戸や松浦方面にやってきたのです。当時としてはそれがふつうのことで、現在のような整然たる艦隊行動など、とりようもなかったのが現実だったのです。なお、これは余談ですが、しばらくまえに鷹島とその一帯で十万単位の人間たちが海に消えたことについて、幾人かの多国籍の学者たちと話したとき、ある西洋人学者が「さっさと始末できたのだから、モンゴル側としてもそれでよかったのではないか」といい、しかも「そうでないと大変なリクルート問題が起きたよ」と言い放ったのには、さすがにそこに居合わせた面々全員が息を呑みました。なお、三度目の元寇はありませんでした。まあ、もっとも第二次世界大戦におけるアメリカ軍の到来をもって〝三度目〟と数えたいむきもあるやもしれませんが。

ひるがえって、松浦党なる集団からすれば、一日か二日のことといいながら、現実に二度にわたって本拠地に踏み込まれ、あたりの海面一帯からそれぞれの所領地にいたるまで、いったんは制圧されてしまったわけです。今からかえりみても、第二次大戦後の占領・統治を味わうまで、日本史上で外国勢力に制圧された体験は、モンゴル襲来時における対馬・壱岐・松浦一帯しかありません。広い意味での松浦地方の武士・農民・海民（実はこの三者はほとんど兼業というか、一体化していた可能性が高いでしょうが）の怒りや怨念はいかばかりだったでしょう。

逆にいえば、この異常事態によって「党」としての結束・連帯は、むしろより強力にすすんだことでしょう。その結果かどうかは明確にいいがたいのですが、松浦党なる「海の武士団」の活動は文字どおり海をこえて、こののち一気に精彩を放つことになりゆきます。なおこの時点では、はたしてどれほどの意味と影響力があったかはわかりませんが、かの宇久氏の五代目である競（よみは「きおい」、もしくは「きそう」）や、おなじく五島の地方領主のひとり青方《あおかた》家高《いえたか》（これに関しては中近世の貴重な史料として、「青方文書」が伝存しています）は、二度のモンゴル襲来での活躍が知られ、とくに宇久競は弘安の役で大功をたて、のち〝神〟としてまつられます。

戦争の記憶とユーラシア大交流

とはいうものの、実のところモンゴル襲来の恐怖は意外なほどにつづきました。たとえば、二回目の襲来から十三年後のこと、永仁二年（一二九四）三月六日に指令され、同月二十日に筑前・肥前に届いた文書によれば、万一、異国船を発見した際は「とぶひ」、すなわち烽火《のろし》をもって壱岐の島から北松浦郡の大島をへて、かの鷹島に知らせる計画をつくるよう命じられています。具体的には、その訓練を実際に三月二十六日におこなうべく、もし雨がふった場合は翌日にすべきとし、壱岐島から始めて、島々の高いところに火をおこし、途中の大島はその煙を見て、さらに火を大きくし、鷹島に連絡するというシステムを構築して警戒していたのです。

また、その七年後の正安三年（一三〇一）十一月二十一日には、異国船一艘が薩摩国の甑《こしき》島に着き、さらに海上には二百艘ばかりがいて、しかも近づいているとの情報が九州から関東へ飛脚で通報されました。かくて京都でも「すわモンゴル襲来か」と緊張したといい、その結果、五島から博多へ異国警固のための船が用意されたとのことです。十四世紀に入っても、モンゴル襲来の恐怖と緊張がまだ消えていなかったことがわかります。

ここで少しつけ加えますと、二〇一一年の十月二十一日のこと、鷹島とその一帯の海底よりモンゴル襲来のさいの沈船とおぼしき木造船が見つかったと報じられました。もしそうであれば、おそらくは一二八一年の二回目の来襲船団の船ということになります。浅い海である鷹島周辺からは、これまでもモンゴル襲来時の遺物かと思われるものがいくつか報告されていましたが、来襲船となるとはなしは俄然ちがってきます。いろいろな分析がありえますし、当該の沈船のまわりにはもっとたくさんの船やその他さまざまな物品が沈んでいるかもしれません。

テレビ映像を見る限り、海底は砂地のようですから、さまざまなものが出てくる可能性があります。当時の日元貿易の〝主力商品〟であった染付・青磁・銅銭などは、十分にありえます。ちなみに、染付や青磁などは当時としては世界レヴェルでとびきり高価なものでした。また、突出して高価な元代のものはもとより、明代のものであっても染付や青磁は珍重され、たとえばマレーシア・シンガポール・インドネシアに囲まれたごく浅い海域では、しばしば染付や青磁の優品が砂中から見つかったりします。ちなみに、筆者が仄聞するところでは、某国の海軍が海中に沈んでいたいわゆる貿易陶磁を大量に発見し、しかも当該政府に報告することなく、ひそかに一括して転売したとの話を耳にしました。それもどうやら、とてつもない金額だったようです。

また、銅銭は大陸から日本への屈指の貿易品でした。なお、モンゴル帝国はユーラシア・サイズで金銀比価「十対一」の固定システムを〝世界基準〟として定めるいっぽう、現実に本格的な史上最初の紙幣政策も採っており、その結果としてこれに先行する北宋銭・南宋銭などの各種銅銭はいわばほとんど不要品となって、銅銭を欲する日本へ大量に送られたのです。その結果、日本中世における〝貨幣経済〟が本格的に展開することになります。ちなみに、日本列島ではなんと北海道にいたるまで、やたらに大量の銅銭が出土します。実は筆者も大小の中国製銅銭を少なからずもっているのですが、ほとんどはいろいろな方々からプレゼントされたもので、まさにいわゆる貨幣価値は、極ささやかなものでしかありません。なおこのあたり、これまで日本史・東洋史・世界史の関係者たちはいずれも、なぜか共通して誤解があり、あえてひとこと申し添える次第です。

さて、博多一帯には、いわゆる元寇防塁の遺構が今も各所に残っており、モンゴル襲来のある種の記念物となっていますが、実のところは防塁の築造とその保持は、なんと室町時代になっても補修がつづけられていたそうで、モンゴル再襲来への懸念と恐怖のイメージはつづいたのです。現実とは別に、人の心に刻みこまれた映像といいますか、語り伝えられた記憶はなかなか簡単には消えないものであることがわかります。

また、水中考古学（もしくは海中考古学）という研究分野は、日本ではまだ日が浅いのですが、地中海域などでは紀元前の昔からとても盛んです。ちなみに、もうだいぶ前のことですが、わたくしも地中海域で沈んでいる遺物や品々を目にしたことがあります。すでに日本でも、水中考古学への挑戦がいろいろと試みられ始めていますが、先頃はＮＨＫ福岡局がまさに鷹島とその周辺海域をテーマとして番組をつくりました。また、琉球大学や九州大学の方々が、おなじく鷹島海域で海中探査をおこなっている様子が、やはりテレビで報じられました。いろいろと可能性があるこの一帯が、ひとつの恰好のきっかけともなって、日本における当該分野がますます盛んとなることを期待します。

いっぽうで、それに先立つ一九七六年のこと、韓国の西南部にあたる全羅《ぜんら》南道《なんどう》の新安《しんあん》郡・木浦《モッポ》市の沖合、いわゆる新安沖で発見された沈船は、一三二三年六月ころに、大陸の寧波から日本の博多に赴く途上で難破した貿易船と考えられ、とくに荷札に「東福寺」とあったため、当時きわめて活発であった「日元貿易」の象徴とされます。船そのものはふつうの大きさの木造船で、荷物の多くは二万点をこす陶磁器のほか、銅銭は八百万枚・紫《し》檀《たん》材一千本、そして三百六十四点の木簡も含まれ、東福寺末寺・博多承天寺《じょうてんじ》の塔頭《たっちゅう》にかかわるものと考えられています。

ここでおもしろいのは「元寇」という名のモンゴル戦争のすぐあとに、たいへんな平和・通商の波がアフロ・ユーラシア規模で出現したことです。たとえば、陸と海をこえてかのマルコ・ポーロという名の誰か（筆者はマルコ・ポーロなる超有名人は、実は存在しなかったと考えています。ただし、マルコ・ポーロという名に仮託されたある人物、もしくは複数の人間の〝見聞〟がそこに投影されているのはまぎれもないことではありますが）なども東方へとやってきました。モンゴル帝国や日本国に限らず、仏僧・学者・文化人の往来もまことに頻繁で、たとえば近代になるまでの日中関係全体のなかで、各種の往来・交流がもっとも活発だったのはこの時でした。にもかかわらず、こうしたことについても、実のところかなり誤解が目につきます。きとんとした歴史像を構築しておかないと、将来に思いがけぬマイナスが生じかねません。広やかなまなざし、そして欧亜どころかグローバルサイズでの豊かな識見と判断力が今こそ求められているといっていいでしょう。

そしてあえてもうひとこと、長崎県・鷹島の北東、佐賀県東松浦郡には、このところなにかと話題になっている玄海原発があります。その一帯に沈んでいるであろう、さまざまな遺物や物品も含めて、思うことはあれこれとありますが、率直にいって、鷹島一帯の静かな海に原発は似合わないでしょう。

第三章　宇久氏の福江島移住と東アジアの海

倭寇と応永の外寇

すでにいくらか申し上げましたように、モンゴル襲来なるものが博多をはじめ、九州北域一帯にあたえた影響は、やはりそれなりにプラスとマイナスの両方を含めて、たいへん大きなものがありました。三度目の襲来がまったくないとはいいきれないなかで、それとは別にかの東福寺の造営船をはじめとして、当の権力者である北条氏一族や有力な寺社はしきりに大陸にむけて貿易船をおくりました。いっぽう、大陸からの僧たちも、日本に新風をおくりこまんと、なんと元僧としてはトップ・クラスの人たちがやってきました。

たとえば、京都は祇園にある臨済宗の大寺・建仁寺は、かの栄西《ようさい》を開山としますが、そのうちの両足院《りょうそくいん》には当時の中国で突出した高僧といっていい龍山徳見《りゅうざんとくけん》がここに住持しました。ちなみに、彼の画像は今も両足院に存します。かたや、モンゴル襲来以後、日本の学問僧たちも文字どおり群れをなして大陸に赴き、「中国留学」は時代のトレンドとなったのです。その結果、日本における学問レヴェルは、こののち大きく向上することになりました。

そうしたことと裏表のセットをなすかのように、やがて今度は松浦党を中心に、海の男たちが、大海原へと積極的に乗り出してゆくこととなります。はじめは数艘だったものが、次第に規模も大きくなり、船団を組んで数千人のスケールで渡海し、韓半島や大陸各地へと押し寄せました。日本から見ればある面で〝逆襲〟であり、大陸からすれば、文字どおりの〝倭寇〟でした。朝鮮側の記録によれば、倭寇の拠点として対馬・壱岐・松浦があげられ、あわせて「三島《さんとう》」といったようです。また、平戸も当然ながら屈指の根拠地で、のちに平戸松浦氏として成長する集団が存在しました。

いっぽう、韓半島は倭寇に苦しみました。元明交替という大きな時代史の変転の波のなかで、モンゴル直轄地の武人の家に生まれた李成桂《りせいけい》が一三九二年、高麗を倒して朝鮮王朝をたて、都を開城《ケソン》から漢城（現在のソウル）に移し、倭寇対策を展開してゆきます。ひるがえって、対馬と壱岐はどうであったかといえば、上島と下島のふたつからなる対馬は、かなり大きな面積をもつにもかかわらず、ほとんどが山岳・山地で米の実収はわずかに三千石くらい。逆に、ほぼその四分の一ほどの大きさながら、平地・丘陵がごくゆるやかに起伏する程度の壱岐では、二万石ほどの米がとれたそうです。海産物は別として、穀物に乏しい対馬の宗氏にとってはこれは死活問題で、韓半島から略奪するか、さもなくば出現したばかりの朝鮮王朝に援助をたのむほかはありませんでした。

そうしたなか、日本の年号では応永二十六年（一四一九）六月、李氏朝鮮王朝を率いる第三代王の太宗（太祖・李成桂の息子）は、かねてより倭寇対策に苦慮していたのですが、折から起こった倭寇事件を機に、兵船二百二十七艘、将兵一万七千余を動員して倭寇の根拠地とされる対馬を攻撃しました。よほどの決断だったと考えられます。ところが対馬側の反撃も相当なもので、徹底的なダメージをあたえることなく、朝鮮軍は十日あまりで撤退せざるをえませんでした。しかもそのさい、明軍が来寇・介入するとの噂も流れ、大争乱に発展する気配もあったのですが、結局は発令者であった太宗が他界し、対馬と朝鮮王朝は修好を回復するとともに、さすがの倭寇もそれ以後は鎮静化にむかったのでした。

ちなみに、この年に、朝鮮を襲った倭人たちのうち、九州のものたちは酒食もあたえられて送還されたのですが、対馬のものたちについては送還どころか、征討されたといいます。よほど、対馬の集団は手強かったというか、相互に強烈な対立感情があったのでしょう。これが世に名高い応永の外寇《がいこう》でした。そして、その結果あらたな展開が導かれることになりゆきます。

日朝交流とさまざまな倭寇

室町幕府はこの事件の調査のため、博多の僧である無涯亮倪《むがいりょうげい》と、同じく博多の商人の平《ひら》方吉久《かたよしひさ》を朝鮮へとつかわしました。こうした経緯もあって、それまで日朝貿易に力のあった対馬をおさえて、博多商人が進出することになったのです。博多は、もともと地の利があったうえ、幕府や九州探題をバックに、ますます海外交流の中心となってゆきます。

その後の朝鮮政府は対馬の宗氏に毎年、米や豆・穀物を提供し、島民ごと手なずけ、これはものの見事に図に当たりました。こうして宗氏と友好関係を築き、それをもとに日朝間の貿易を管理するシステムを設けたのです。具体的には、日本側の各集団ごとに修好船の割りあて船数を定め、松浦党であれば平戸・呼子・壱岐・波多・五島などの諸集団、または博多・大宰府にかかわる少弐《しょうに》・渋川・大内といった権威筋、さらには瀬戸内海の村上といった面々もこれにくわわって、宗氏が発行する通行手形を携えて韓半島へと渡航し、さまざまに交易することになったわけです。これは大きな変化でした。

十五世紀になると、倭寇も平和的なトレーダーになり、おのずから対馬宗氏の国際的な地位は高まるいっぽう、いわば自由貿易状態となって日本側からの襲撃は影をひそめました。それどころか、対馬島民で朝鮮王朝に仕えるものもあらわれたのです。また、松浦党としても宗氏を尊重せざるをえず、なんと彼らのなかから朝鮮政府の軍官・要人となるケースも決して少なくありませんでした。ちなみに、対馬の宗氏は朝鮮王朝とのよしみをその後も保持しつづけ、長らく日朝両国のつなぎ手となって、徳川幕藩体制下でも十万石の格式をもって処遇されたのです。

こうしたもろもろの経緯のはてに、松浦党全体のまなざしは、韓半島とその周辺から、おのずと中華沿岸・東南アジア方面へと向けられていったわけです。ところが、きわめて巧みであった朝鮮王朝にくらべ、モンゴルに代わった明《みん》王朝の海洋政策・倭寇対策は、まことに愚かしいとしかいいようのないものでした。モンゴル世界帝国時代におけるアフロ・ユーラシア規模での大交流と自由貿易の余波がつづいた洪武―永楽の治世はともかく、そののち実施した海禁政策と朝貢貿易の政府独占は、海賊や倭寇の大展開を誘発したのです。松浦党をはじめとする各集団は、二、三百艘もの大船団をつくって東シナ海を縦横に往来し、北は山東から浙江《せっこう》・福建・広東、さらにはヴェトナムやなんと南洋海域にまで押し出していったのです。

とりわけ、明側が「嘉靖《かせい》の大倭寇」と呼んだ十六世紀のなかば十年間ほどを中心に、その前後の百年あまりは、日本発の「海の武士団」が東アジアの海を駆けめぐった時代でした。ただし、このころ活動したのは松浦党ばかりではなく、いや、それどころか日本人とは限らなかったのです。出身は琉球・韓半島・中国各地などまことにさまざまで、むしろ大半は日本人ではなかったとされます。そういう色とりどりの人びとが、「倭寇」の名のもとに、海禁政策を採る明帝国の官憲・官兵・富豪たちに対抗し、中国沿岸各地やしばしば城市・州城などにいたるまで荒らし回ったのです。さらには、やがてポルトガル船などもこうした混沌たる〝国境なき世界〟に参入してきました。時はまさに、地球サイズで眺められるあらたなる時代に入ろうとしていたのです。

本拠地は福江島へ

さて、五島一帯にたちかえりますと、かの宇久氏は五島列島のうち、まずは九州本土にちかい宇久島や小値賀島などを基盤とする〝宇久党〟の首領として、ささやかな海と陸の武士団を形成していたのですが、宇久氏の八代目の覚《さとる》は宇久島の山本の館《やかた》をひきあげて、大値賀《おおちか》島すなわち五島最大の現・福江島に移ろうとしました。時は、南北朝末期ちかくの一三八一年のこと、南朝暦では弘和元年、北朝暦では永徳元年でした。

具体的な移転予定地は、福江島の北岸で既述の『肥前国風土記』にも遣唐使船の主要停泊地として出てくる「川原の浦」、すなわち岐宿《きしゆく》でしたが、当地を地盤とする貞方《さだかた》氏が存在していたため、まずはいったん現在の五島市の東南沿岸にあたる崎山《さきやま》に移り、さらにようやくその二年後に岐宿の地に移りました。貞方氏が戦うことなく、家臣となったからといわれます。逆にいえばそれくらい、宇久氏そのものの力は、福江島に十分には浸透していなかったことがわかります。

ついで、九代目となった養子の勝《すぐる》のとき、岐宿から現在の福江の地に移駐して坂の上に城を築きました。ちなみに、現在も「城の内」という地名がのこっています。なお、朝鮮王朝の臣であった申叔舟《しんしゆくしゆう》の有名な『海東諸国記』（一四七一年成立）には、貿易の相手として五島関係者では五島宇久守《うくのかみ》・源勝《みなもとのかつ》、五島悼《いたみ》（悼は板部の当て字とされます）、大島太守・源貞茂、五島日ノ島太守・藤原朝臣盛《さかり》などの名がしるされています。このうち、福江本島の南東沖合に浮かぶ大小ふたつの板部島や、そのすぐ南の高さわずか九二メートルの活火山・番岳《ばんだけ》がある黄島《きじま》、さらに若松島の北側にある日ノ島などは、まことにささやかな小島にすぎません。

ところが、そうした五島列島一帯の極小ともいっていい島々の領主までが、「太守」の美称をつけて登場するのは本当に驚きです。つまりは、それくらい貿易がさかんだったことになります。ちなみに、ここにいう五島宇久守・源勝とは既述の九代目・宇久勝ではなく、享徳《きようとく》元年（一四五二）に家督を継承した十三代目の宇久勝《かつ》のことで、このあたりいくらかまぎらわしいところがあります。

義満の野望と遣明船

いっぽう、こうした日本の西端に暮らすささやかな五島の武士たちとは別に、日本の中央権力において、大きな動きがおこりました。すなわち、いくらかさかのぼって応永八年（一四〇一）のこと。博多商人であった肥富《こいつみ》なる人物が、室町幕府の三代目である足利義満にすすめて最初の遣明船の派遣を提案、まずはみずから明国に渡航して戻り、日明通交がいかに利があるかを説いたのです。幕府財政の逼迫《ひっぱく》に苦しんでいた義満は、さっそくその考えをいれ、あらためて僧侶の祖阿《そあ》（もともとは祖阿弥陀仏、ないしは祖阿弥）を正使、肥富を副使として一回目の遣明船を派遣、一行はふたりの明側の使いをともなって、翌応永九年（一四〇二）に帰国しました。

そして具体的には、八月三日のこと、義満はなんとみずから兵庫に出向き、五日には明の大船が入ってくる様子をその目で眺めたのです。よほど嬉しかったのでしょう。さらには同月十一日、天皇家と深いえにしのある仁和寺・法住寺を明の使節の宿とし、厳重な警戒態勢をしくいっぽう、九月五日には北山第で明皇帝の国書を受け、一連の儀式をとりおこなったのでした。なお、そのさい義満はなんと南面したのです。もとより、南面するのは天子です。よほど義満は自分の権力把握に自信をもっていたのでしょう。また、現実に足利政権というか、室町幕府というか、ようやくそれなりに安定した権力基盤を確立したところでした。ともかくも、これより日明間の国交が開かれ、やがて世に名高い勘合《かんごう》貿易が展開しました。なお、義満はいわゆる金閣寺を含む北山第という壮大な構えもって、一条通以南の平安京の骨格とは別の、どうやら巨大な武家による〝北の都城〟ともいうべきかたちをうちたてんとしたようでした。つまり、デュアルキャピタルを出現させようとしたのではないかと考えられます。であれば、それはかのモンゴル帝国の大都《だいと》を想定していたのかもしれません。

四代将軍の足利義持のとき、いったん国交を断ちましたが、それは父の義満のやり方すべてに反抗したい義持があえてやった子供じみた行為で、それも束の間、六代義教《よしのり》のときには再開され、十六世紀のなかばまで継続したのでした。ちなみに、義満は日明貿易開始のさいに、使いを明国だけでなく朝鮮国にも派遣しています。明と朝鮮、両にらみをしたわけです。

ひるがえって、勘合貿易のやり方はといえば、船数だけの勘合符をもって正式の船と認定するシンプルなもので、たてまえではあくまで日本国王（将軍をさします）の朝貢船のかたちを採るものの、実際は大名・寺社・商人などによっておこなわれ、やがて有力守護の細川・大内氏の競合となり、結局は大内氏が掌握したのでした。こうした遣明船はかつての遣唐使と同様に、博多を発して平戸や川内浦《かわちうら》で風待ちをし、そのうえで五島列島に至って、とくに奈留島から明へとむけて渡航することがほぼパターン化しました。ともかく、十五世紀になったころから、五島列島も含めて東シナ海の交易は大きく活性化にむかい、ちょうどそのころ当主となった十三代宇久勝もまた、おおいに対外貿易をおこして財を蓄え、五島の黄金時代を迎えたのです。

こうして西は五島列島から九州北部・瀬戸内一帯にかけて、海外交流の動きが急速にさかんとなるなか、京洛の地では応仁の乱が起こります。将軍家・守護大名・公家といった人びとからなるまことに不毛な〝戦争ごっこ〟は、結局のところ日本全体をより大きく変容させ、一気に実質上の地方割拠の戦国時代へと導きます。率直にいって、室町幕府もしくは室町時代などといった表現は、はたしてどの程度の実質があったのか、むしろもともと虚像めいたところが否めません。

いっぽう、世界はこのころから、さまざまな意味でグローバル化への第一歩を踏みだし始めていました。マクロに事態を眺めれば、ポルトガル・イスパニアを先頭とする西欧の海洋進出という新しいトレンドのなかで、新たなる波が五島から九州、そして西国各地へと次第に及びゆくことになったのでした。

「大航海時代」という造語

なお、ここで現代日本が愚かしくも「大航海時代」というまことに嘘っぽい表現で括ってしまっている「なにか」（もしくは奇妙な事象）について、ひとことだけ言及したいと存じます。ポルトガル・イスパニアによる十五世紀後半の大西洋航海の進展、喜望峰とアフリカ回りルートの発見、アジアの海への参入、そしてクリストバル・コロン（コロンブス）に代表される新大陸の〝発見〟といった一連のことがらとその時代を、かつて西欧は「大発見の時代」（the Great Discovery Age）と呼んで、自分たちが世界を世界化したのだと誇りました。「地理上の発見」というもうひとつのいい方も、いくぶんかやわらかではありますが、まあ似たようなものです。本来はささやかな力しかなかった西欧は、ほとんど手つかずに近い巨大な南北アメリカ大陸を自分たちのものとすることで、大きく飛躍するきっかけを得ることになります。これはいわば、世界史の大逆転ともいっていいものでした。

しかし、少し考えれば「大発見の時代」とか「地理上の発見」とかいった表現は、あまりにも手前勝手、唯我独尊で西欧本位すぎるいい方でした。ところが、かねてこれを困ったことだと考えた日本のふたりの西洋史家（あえてその名は申し上げませんが、どちらも立派な方です）が、「大航海時代」という不可思議な言い方を創り出したのです。ありていにいえば、西洋史という〝業界〟の防衛のためでした。これは当の創作者から聞いた話なので、確かです。「大航海時代」をあえて英訳するならば「グレイト・マリタイム・エイジ」（the Great Maritime Age）といったところでしょうが、欧米でそういってもまったく通じません。日本独自の造語というか、きわめて〝内向き〟の用語なのです。

こんなばかばかしい誤魔化しは、そろそろやめたほうがいいでしょう。もし、それでもあえて「大航海時代」といいたいのなら、十五、十六世紀ではなく、かの英国のキャプテン・クックらが太平洋を駆けめぐった十八世紀ころのほうが適当ですし、また「大発見の時代」という表現のひどさは私の友人たちも含めて、さすがに西洋人たちも気にしていて、最近では「探検の時代」（the Age of Exploration）などといい変えています。少しは反省しているのでしょう。当たり前のことではありますが。

五島にやってきた海の大立者

ふたたび閑話休題。話を五島に戻して、十六代目の囲《かこむ》は永正《えいしょう》四年（一五〇七）に宇久氏の当主となったのですが、その年のうちに妹婿である玉之浦納《おさむ》が石田・吉田・西の三氏とともに反乱をおこし、囲は鬼岳の南側、富江湾の入口に浮かぶ黒島にのがれたものの、自刃して果てます。家臣の大久保家次は、囲の子を抱いて釣り舟に乗り、海上を島づたいに落ちのびて小値賀島に辿りつき、そこの浄善寺住職の庇護のもと、平戸に渡って松浦党の宗家を頼りました。それから十四年、玉之浦納が領民の反乱を招くと、宇久盛定《うくもりさだ》と名乗った囲の遺児は、松浦党のリーダーたる松浦興信《おきのぶ》から兵船三十艘を借り、旧臣たちとともに力をあわせて海陸の両方から玉之浦納を攻めて自刃させたのです。こうして〝実力〟でふたたび五島の領主に返り咲いた盛定は、大永《たいえい》六年（一五二六）現・福江の地に江川城を築きます。かくて、ようやくそれなりの確固たる拠点を設けることができたことで、こののち、宇久氏は五島全体の主人として名実ともに、その立場を確立したのです。

それから十四年の月日がすぎ、天文《てんぶん》九年（一五四〇）のこと、当時はまだ深江《ふかえ》といっていた福江の港に、王直《おうちょく》（もしくは汪直）という明国人が乗る大船が入りました。この王直こそ、明の密貿易商人で倭寇の頭目でもあった名高い〝海の世界の大立者《おおだてもの》〟でした。ちなみに一五四三年（天文十二）、種子島《たねがしま》に鉄砲を伝えることになったかのポルトガル船は、実のところ王直とその手下が操船していたといいます。

王直は、現・安徽《あんき》省の中核都市である徽州《きしゅう》に生まれ、本名はどうやら鋥《とう》といったようです。また、母親の姓をとって「汪直」とも書きました。王直は、五島の深江にて宇久盛定から通商を許されたあと、唐人町を居宅とし、やがて中国商人たちがやってきて居留地となり、船舶もあつまりました。また、その一帯によい水がなかったので、江川町に六角の井戸を掘って良水を提供したといわれます。心よく迎え入れてくれた宇久盛定への感謝もこめた行為だったのでしょう。

さらに、彼は入港の翌年の天文十年（一五四一）には、宇久氏の〝宗家〟にあたる松浦氏の求めで平戸に移ります。なお、そこでもやはり六角形の井戸を作ったようです。もとより松浦氏としても、海の巨人ともいうべき王直を自分の足許にかかえこみたかったのでしょう。それはまた、王直にとってもあきらかに好都合でした。王直は印山屋敷に邸宅をかまえ、まるで王侯のような豪奢な暮らしぶりで、みずから徽王《きおう》と称したといいます。

ひるがえって、松浦家としては、自分たちの支族ともいうべき五島の宇久氏に、貿易の利を独占されるのをおそれて王直を招聘《しょうへい》したわけであり、かたや宇久氏としては、すぐる年の〝奪権〟以来、かずかずの恩顧をうけていたので、やむなくというか、率直にいって断りがたかったのでしょう。とはいえ、王直はなかなかたくみで、平戸・五島の間をたえず往復し、とりわけ明朝の敏腕官僚・朱紈《しゅがん》によって「海禁《かいきん》」が徹底されてからは、おおむね現・福江に住したようです。ちなみに王直は「五峯《ごほう》」とも称しましたが、「峯」とは島のことですので、みずからをその拠点である「五島」と名乗っていたことになるわけです。

そうしたいっぽう、一五四六年より倭寇討伐に活躍していた朱紈は、海防や監視をいっそう厳しくし、一五四八年四月には軍を派遣して舟山群島の要地、双嶼港《そうしょこう》を夜襲攻撃、同港を拠点とするもろもろの海洋商人たちを一気に踏みつぶし掃討してしまったのです。しかし、朱紈は優秀すぎるというか、やりすぎといったらいいか、あまりに容赦なさすぎて恨みをかい、かねて密貿易でうるおっていた豪商・大官たちによって逆に弾劾され、一五四九年、結局は服毒自殺してしまいます。ありていにいえば朱紈の死は、有能・果断であるがゆえの悲劇でした。また、それくらい密貿易の利潤は大きかったわけです。ともかく、こうした曲折のはてに、すでに触れた史上空前の〝大倭寇時代〟が出現したのです。

王直と同郷の友人であった浙江巡撫《じゅんぶ》総督の胡宗憲《こそうけん》は、まさにキー・パーソンといっていい王直を帰順させるため五島に使いを送るいっぽう、九州の有力者たちを説得します。その結果、大内義長《よしなが》・大友義鎮《よししげ》（宗麟《そうりん》）はこれに賛同して、最初の互市《ごし》を開くため僧の善妙《ぜんみょう》を明に送りました。かくて明の年号では嘉靖三十六年（一五五七）のこと、王直と善妙は現・福江から出立、ところが寧波の近くに至ると、まさにその目のまえの舟山群島一帯は明側の艦船で埋め尽くされており、王直らは捕えられてしまいました。この一件の事実上のフィクサーであった当の胡宗憲はおおいに驚いて赦免を求めましたが、逆に処罰され、結局のところ王直たちはあえなく斬罪となったのです。日本・中国・東南アジアの各地をひろやかに駆けめぐった一代の海の英雄は、ここに消えました。率直にいって、明側の官憲たちのほとんどは、汚職やとりこみ、ペテン・詐欺など思うがまま。むしろそれぞれの部内での裏切りやおとしいれこそが、彼らが必死に生きる裏舞台だったのです。

なお、彼のほかにも、平戸の顔思斎《がんしさい》や日本人妻との間にかの名高い鄭成功《ていせいこう》をもうけた鄭《てい》芝龍《しりゅう》といった、日中を股にかけた人物が挙げられます。宇久氏も含め、松浦党の人たちは、こうした明側の〝海に生きる男たち〟とさまざまに提携しつつ、独自の行動圏・生活圏をつくりあげていったのです。松浦党以外にも、九州各地の諸大名や瀬戸内の村上水軍（正確には「海軍」ですが、ことばとしてのすわりが悪いので慣例に従います）などもそうでした。ここにおいて、ようするに国境なるものはありません。まして、今でいう〝海の国境〟やシーレーンなぞ、もとよりあるはずもなかったのです。

海のサムライの伝統

さて、こうした波濤を軽々とこえていったまことに多様な人びとについては、海洋小説で知られる白石一郎さんが「海のサムライ」というネーミングのもとに、平安時代の藤原純友《すみとも》をはじめ、松浦党はいうまでもなく、三浦按針《あんじん》、山田長政、鄭成功など、海にかかわる英雄像や人物群を鮮やかなタッチで描かれています。「海のサムライ」とはまことにいいえて妙です。

御自身も壱岐の東岸、芦辺《あしべ》町に生まれた白石さんは、愛惜をこめてかつての「海の世界」を蘇らせます。現在の博多港との間に定期便が往来する芦辺は、東から深く湾入する海面を南・西・北の三方から自然の防壁がぐるりとまもる形になっており、まさに天与の良港というべきところです。白石さんとはただ一度だけ、福岡で「蒙古襲来」にかかわるシンポジウムが催されたときに、それぞれパネリストとして同席し、わたくしはその海の歴史を見つめる情熱に心うたれました。

ちなみに、二回目のモンゴル襲来のおり、まさに現・芦辺町のうち、瀬戸浦《せとうら》と呼ばれるそのすぐ傍らの地には、少弐資時《しょうにすけとき》（鎮西奉行であった少弐経資《つねすけ》の次男）が船匿《ふなかくし》城なる要害にたてこもり、韓半島を発したいわゆる東路軍という名のモンゴル侵攻部隊と激烈な戦闘を繰りひろげました。しかし、ここでもやはり衆寡敵《しゅうかてき》せず、資時以下は見事なまでの壮烈な討死を遂げ、当地の壱岐神社にまつられています。なお、侵攻側の記録に「世界浦」としるされているのは、この瀬戸浦のことだとされます。

すぐる年、筆者も同地を訪れました。瀬戸浦にむかって突き出した岬は三段に削平《さくへい》されていて、その全体を城となした様子が今もありありと偲ばれました。文字どおり、〝海と山の城〟だったのでしょう。船匿城というのは、まさにぴったりの名です。なお、これまた純粋に余談ですが、同城址の近くに「豊月《ほうげつ》」という、まことに絶品の海産物を食《しょく》させてくれる奥床しいところがあり、京都で修業されたという御主人が見事な腕前をふるってくれます。そして、信じられないくらい格安です。

ザヴィエルとキリスト教

さて、十六世紀の〝海の時代〟のこと、具体的には天文十八年（一五四九）八月、フランシスコ・ザヴィエルは鹿児島に上陸しました。日本におけるキリスト教の歴史はここに始まります。ちょうど同じ年、五島では宇久氏第十七代の盛定が他界し、その子の純定《すみさだ》が当主となりました。そして永禄《えいろく》三年（一五六〇）、織田信長が駿河太守の今川義元を桶狭間にて敗死させ、戦国乱世のニュースターとして登場した翌々年のこと、宇久純定は病となり、日本最初のキリシタン大名として名高い大村純忠《すみただ》（洗礼名バルトロメヨ。有馬清純《きよすみ》の次男。大村純前《すみさき》の養子となり、一五六三年に受洗）がかねて「教会領」として寄進してあった横瀬浦の神父トルレスに、医師を五島に送ってくれるよう求めました。その結果、日本人医師のディエゴによって、宇久純定は見事に本復《ほんぷく》したのです。そこで、純定は今度は宣教師の派遣を要請したのですが、人手不足で時がうちすぎるまま、肝心の大村純忠の領内で過度のキリシタン政策への抵抗と反乱が起き、あれこれとさまざまな経緯をへて、ようやく宣教師のイルマン・ルイス・アルメイダとイルマン・ロレンソのふたりが当時の深江にやってきました。ときに、永禄九年（一五六六）一月のことでした。

両人は、畿内ではかの名高い高山右近《うこん》父子をはじめとする武将たちを入信させ、さらに信長の側近にして当時ひどく荒れはてていた御所をあらたに修造する責任者でもあった朝山日乗《にちじょう》と、信長の面前で論争激しくして、見事に論破したことはよく知られています。それはともかく、この両人によって、今につづく五島キリシタンの歩みが始まったのです。

いっぽう、大村純忠は元亀《げんき》元年（一五七〇）に長崎を開港、ポルトガルをはじめ、イスパニア、オランダ、イギリスなどとのいわゆる南蛮貿易を展開し、さらに天正十年（一五八二）には大友・有馬の両氏とともに、かの天正遣欧使節をローマに送ることになります。

それは、当時の日本人としてはほとんど稀に見る〝大航海〟といっていいものでした。よく知られていますように、実力者であった宣教師ヴァリニャーノのすすめで、ローマ教皇グレゴリウス十三世、そしてイスパニア国王のもとに赴いた少年使節たちは、正使の伊東マンショをはじめ、千々石《ちぢわ》ミゲル・原マルチノ・中浦ジュリアンの面々で、いずれも十四、五歳。ローマでは可愛い遠来の客人として大歓迎で迎えられ、市民権も与えられました。そして、一五九〇年に帰国しますが、すでにその時にはキリスト教は禁制となっており、まったく気の毒なことに不幸な運命となりゆきました。

そのいっぽう、宇久純定のあとを継いだ十九代の純堯《すみたか》は病気がちだったのですが、受洗してドン・ルイスに、そのいとこであった夫人もドナ・マリアと名乗りました。当時、キリスト教の影響力は、まことに滔々たるものがあったといっていいでしょう。もっとも、そこに純粋な信仰や憧れとともに、実利や計算があったとしても仕方なかったでしょう。そして、二十代の純玄《すみはる》（もしくは「すみたる」ともいったようです）となり、やがて秀吉による九州統一という大きな画期を迎えることになったわけです。

第四章　秀吉の朝鮮侵攻と五島藩の苦闘

稀代のイリュージョナリストの衝撃

さて、歴史をふりかえれば、信長・秀吉の出現は、日本国を根本から大きく変容させました。とりわけ、瀬戸内から九州一帯の諸勢力にとっては、秀吉の衝撃は尋常ではありませんでした。ここに、日本という国とその歴史は、大きく旋回したといっていいでしょう。

かえりみて、すでに戦国末期、有力大名たちの角逐《かくちく》による領国の統合と拡大、そして鉄砲に象徴される軍事・築城技術などの飛躍的な進展によって、後北条・武田・上杉・毛利・大友・龍造寺・島津など、それまでとは違ったスケールの領域と資金力・産業力をもつ十あまりの軍事政権へと、「天下」の形勢は次第にしぼられてゆきました。なかでも、当時の日本国の中央域のほとんどと政治・文化の中心たる京を、ともどもにおさえた信長の破竹の快進撃によって、群雄割拠は急速に整理され、日本統合の道はもはや目の前となりました。

信長の不意の死は、秀吉という柔軟な構想力と旧主・信長ばりの決断力・行動力、そしてどこか人をたぶらかしてやまないある種トリックスターめいた独特の魅力をもつ人物によって継承され、またたくまに日本はともかくもひとつの〝かたまり〟として、まとめあげられました。ただし、それは「パッチワーク国家」といってもいいようなもので、秀吉という突出したイリュージョナリストによる稀代の〝つぎあて細工〟でした。

「もし、信長が本能寺で殪《たお》れることがなければ」というのは、昔からさかんに繰り返されてきた問答ですが、信長存命の場合は、毛利・上杉・島津といった面々がはたして生きながらえたかどうか、大いに疑問です。むしろ、信長はこれら既存の勢力を真正面から逐一すりつぶし、日本史上かつてない強力な中央集権・軍事国家をつくりあげたのではと、夢想したくもなります。たとえば、もしそうなっていた場合、いわゆる東アジアなるものはどうなったのでしょうか。ともかく逆にそれくらい、日本国は時代を通じて、強力な統率力をもった個性、英雄めいた人物がよくもわるくも乏しい風土なのでしょう。そのことは、戦後から今にいたるまでの歴代の日本政府を眺めていると、なさけないくらい見事に合致します。もっともそれもまあ、逆に日本のいいところといえるのかもしれませんが。

ひるがえって、ともかくも秀吉はパタパタと扇をあおぐように、一気に日本国をまとめてしまったわけですが、そのさい瀬戸内海の村上水軍や、九州西北一帯から壱岐・五島にわたる松浦党の諸集団などは、天正十六年（一五八八）すでに豊臣と名乗っていた秀吉によって、なにかと弾圧されたりして（なお、秀吉による九州統一は、その前年のこと）、他の九州の諸大名ともどもいわば「近世大名」としての建て直しや再出発を余儀なくされます。

かつてのような自由・気儘なもろもろの活動は、結果としてはどうしても抑制されがちとなり、天性ともいえる彼らのひろやかな行動力は、豊臣政権という中央権力の枠のなかで次第に逼塞《ひっそく》せざるをえなくなります。少なくとも、「日本発の倭寇」はその姿を変え、別の形に改編されたり、組織化のあおりをうけるなど、次第に影を薄くしてゆきます。なお、上松浦一帯をおさえる波多《はた》氏、かたや下松浦を握る松浦氏は、それぞれ大名となります。そして、秀吉の朝鮮侵攻のさい、波多氏は当主がいささか軽率で思慮が足りず、おだてに乗りやすかったこともあって、秀吉幕下《ばっか》のひと癖もふた癖もある京・大坂じこみの連中にあしらわれて、文字どおり「お家」はとりつぶされ、かたや平戸を主城とする松浦氏は生きのびて明治にまで及びました。そして、かの五島の宇久氏も小なりといえども、表《おも》高《てだか》一万五千三百三十石の「海の大名」として朝鮮へ出兵することになります。

ささやかな五島氏の派遣軍

天正二十年（一五九二＝文禄元）、秀吉は朝鮮国へ侵攻軍を送りました。宇久純玄《すみはる》は第一軍の小西行長に属して出兵することになり、総勢七百余人が軍船十七艘・属船八艘に分乗して、深江の石田浜（現在の福江、そして福江城の一帯）を旅立ちました。ありがたいことに、このとき随従した一行の細目がおおよそわかっており、騎馬は二十七頭（侍大将・軍奉行・旗奉行は各一人、鉄砲・弓・長柄《ながえ》奉行も各一人、使番は三人、用人・大目付各一人、兵騎十一人、外科医師ら五人）、歩武者は四十人、足軽百二十人、籠持ち・馬口などの小人が三十八人、乗馬二頭（これは藩主の乗用か）、平馬二十七頭（替え馬のことか）、下夫二百八人、船は大小十七艘、それをあやつる船頭水夫が二百人、もしくは二百八十人という陣容でした。馬は合計五十六頭を搭載させているのが目を引きます。八艘の属船というのはおそらく戦闘用ではなく、また当然、十七艘の軍船に大小があったとしても、かりに平均すれば一艘ごとに四十五人から五十人ほどが乗り組んだことになります。馬をどういう仕方や配分で乗せたかはわかりませんが、総じていえば、比較的に小型ではあれ、各種の備えともども、それなりにガッチリと仕立てられた戦闘船をイメージすればよいのでしょうか。

ともかく、わずか一万五千石あまりのごくささやかな小藩としては、かなり無理をした軍勢の派遣であったといわざるをえません。そのうえ、それなりの〝留守部隊〟を五島に残留させていたはずなのですから、なんとも溜息が出そうです。ただし、五島列島のように、海こそが所領のひとつであるともいえる土地柄であれば、計算上ではあくまでも米を中心に経済がくみたてられ、他の生産物も米に換算しての石高だったのでしょうが、貿易収入にとどまらず、あれこれと豊富な海産物なども、石高と別立ての有力な財源・財力であったことでしょう。ややこれよりのちのことではありますが、実際に五島では〝沿岸漁業権〟のような権限が、知行の一部として家中・藩士たちにあてがわれるようになっていました。つまり、一万五千石余という公式の石高とは別に、実情ではかなりな富力を備えていたと考えられ、であればこそ常識的にはやや過剰動員かとおもえる陣容を、なんとか繰り出すことができたのではないでしょうか。

なお、朝鮮国への出兵にあたって、当主の純玄はもともと五島列島のもっとも北端の島にちなんだ名乗りである宇久の姓をこのときに「五島」とあらためました。自分たちが統轄する五島列島とその周辺海域の「王」であることを、あらためてここに宣言したのです。

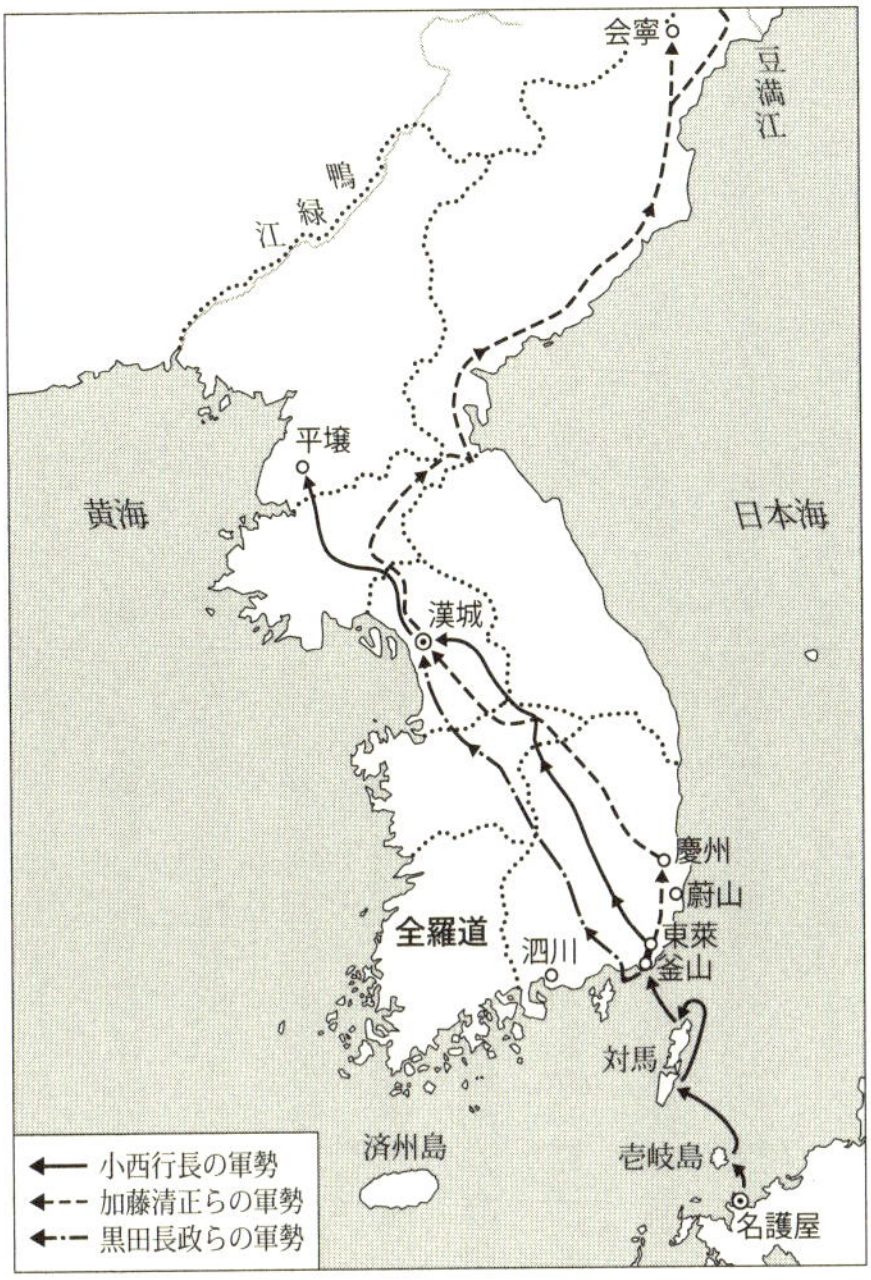

朝鮮出兵のルート

かくて、五島純玄となった彼は、四月十二日に対馬の宗、平戸の松浦、肥前の大村、そしてキリシタン大名として名高い肥前の有馬（晴信）とともに、小西行長を主将とする軍団を形成し、総勢あわせて一万八千七百人が、大陸への戦略拠点として新しく築かれたばかりの〝海の城〟ともいっていい名護屋城より出帆したのです。

小西行長軍の先鋒部隊

ところで、五島氏の本家といっていい平戸の松浦家は、もともと堺の豪商であった小西隆佐《りゅうさ》・行長父子と親しく、海外貿易でも提携関係にあったのですが、宇久氏あらため五島氏もその縁で小西家とかかわっていました。まして、小西行長は秀吉側近の武将として出仕しており、かくてあれこれとなじみのある旧松浦党や、また大村・有馬といった海とキリスト教つながりの面々などをとりまとめて、小西行長を将帥とする軍事編成をおこなったのです。五島の軍勢はもっとも小粒といっていいものでしたが、その第一軍の小西軍団のなかでも、なんと最前線の先鋒部隊となり、かくて小西軍は六月に釜山《プサン》へ上陸、西平浦・東萊《トンネ》をたちまち陥れました。そのさい、五島勢は一千余人の敵兵を斬ったものの、戦死者も少なくなかったとしるされます。いつの世でも、先鋒とされるのはつらいもので、五島の軍兵は敵陣へと真っ先に切り込む錐《きり》のような立場となって、まさに矢面《やおもて》に立ったのです。

とはいえ、五島勢などの奮闘もあったのでしょう、小西行長ひきいる第一軍は破竹の快進撃で韓半島を一気に北上、またたくまに現在の北朝鮮の首都である平壌の城市をも占領したのですが、しかしそれもここまででした。翌文禄二年（一五九三）の正月一日、当時の遼東、すなわちマンチュリア平原の南部一帯を掌握する明の軍閥・李成梁《りせいりょう》（ほとんど独立の軍事集団といっていい強力な存在で、ちなみに彼の祖先は朝鮮系であったとされます）の長子・李如松《りじょしょう》は、みずから率いる四万三千余と朝鮮王朝の兵八千余をあわせて、小西軍が籠る平壌を包囲したのです。ちなみに、かつて韓国ソウル大学の奎章閣《けいしょうかく》で古地図や古文献の調査をおこなったさい、まさにそのころの平壌城の平面図をたまたま見ることができました。滔々《とうとう》たる大同江が天然の城濠となって市街をまもり、外城部分については土城壁もかなり目につくものの、ことに石塁などで固めた内城は、相当に堅固な構えだと感じたことがあります。

さて、小西行長は全軍のうち二千を割いて出城である牡丹台の要衝を守らせ、のこる一万余で平壌を固守したのですが、なにせ四倍以上の敵軍に押され、同月六日には牡丹台と外郭部分の多くを失いました。小西軍の戦死者は千六百余、そのなかには青方新八、太田弾正らの五島人もおり、やむなく行長は孤塁となった内城に諸将をあつめて退却と決し、そのさい手負いや病人は捨ておかれました。からくも牡丹江を渡ったものの、時はまさに厳冬のさなか、しかも韓半島の北部であれば雪は深く、凍傷となるものも数多く、親兄弟が討たれるのも見捨てて南下し、漢城（現・ソウル、京城とも）にようやく辿りついたときは、ほとんどのものが鎧も身につけずボロボロの状態となっていました。

かたや、李如松ひきいる大軍は小西軍を追尾して漢城に迫り、正月二十七日、ここに史上名高い碧蹄館《へきていかん》の戦いがなされ、小早川隆景らの活躍で激戦をしのいだ日本軍が勝利をおさめ、李如松は負傷して、敗走する結果となりました。ただし、やはり漢城にほど近い幸州山の戦いでは、宇喜多秀家・吉川広家《きっかわひろいえ》・石田三成らは皆ともどもに手傷を負い、ほとんど敗戦めいた有様でした。

こうした挙句に和議がすすめられ、竜山にて停戦協定がなって、いわゆる文禄の役は終了しました。同年三月二十日、漢城内外に駐屯するすべての兵数をしらべると、五万三千余に激減し、なかでも小西の第一軍はなんと出征時の三分の一に近い六千六百二十九人までに目減りしていたのです。であれば、つねに先陣とされた五島勢は、さぞやとおもわれます。そして、まさに当主である五島純玄は、翌文禄三年（一五九四）七月二十八日、韓半島の陣中にて疱瘡にかかり三十三歳の若さで他界します。ある書には毒殺といい、そのために一軍騒然たりともしるされます。文字どおり、混沌たる情勢のなかでの急死というほかありませんでした。

なお、いくらか余談めくのですが、日本軍と朝鮮国軍・李成梁軍閥・明軍とが、朝鮮半島を舞台に叩きあっているまさにそのとき、具体的には文禄二年（一九五三）のこと、建《けん》州女直《しゅうじょちょく》を率いるヌルハチはマンチュリア平原の北部一帯に盤踞《ばんきょ》する海西《かいせい》女直らの九部連合軍を撃破したのです。そして、一気に女真族の統合をおしすすめ、やがて一六一六年にいわゆる「後金国《こうきんこく》」を成立させることになります。そしてこれがやがて、いわゆるダイチン・グルン（大清国）となりゆくわけなのです。ヌルハチはいわば〝東アジア国際紛争〟のなかでまさに「漁夫の利」を得たわけで、それでなければ一気に抬頭することはほとんど不可能だったのではないかと思います。つまり、いわゆる清朝という巨大なかたまりは、日本軍の朝鮮侵攻によって出現することになったといっても過言ではありません。因果はめぐるというか、結果として思いもかけないことをつくり出す、これが歴史というもののおもしろさであり、またこわさなのかもしれません。

相続問題と盛利の苦労、そして「深江直り」

さて、話をふたたび韓半島の五島勢に戻します。若き当主がみまかったことはまさに緊急事態というほかはなく、亡くなった五島純玄の腹心として従軍していた弓奉行の平田甚吉、おなじく鉄砲奉行の青方善助は、純玄の遺書を奉じて小西行長にまみえました。行長は、名護屋からの裁可を待つよりは、遺書どおり純玄の叔父にあたる一族の大浜玄雅《はるまさ》を後継としようと述べたのですが、玄雅は自分はかつて相続争いで騒動をおこしているのでと固辞し、やむなく行長はふたたび平田甚吉を召して亡くなった純玄の血族の子を玄雅の養子とする案を採り、かくて大浜玄雅は韓半島は熊川浦の陣中にて二十一代目を継承することになりました。

ちなみに、この玄雅は長らくキリスト教を奉じ、慶長元年（一五九六）に長崎で秀吉の命による「二十六聖人の殉教」があったのちも、宣教師を五島に招きつづけ、のち徳川家康が日本を制覇したあと駿府に呼ばれて、そこでようやく棄教したといいます。ただし、その後も五島におけるキリスト教信者は増加し、慶長十一年（一六〇六）には、二千三百人をこえたとされます。そして時はゆきつつも、隠れキリシタンの島という〝地下水脈〟は涸れ切ることなくながくつづくことになったのです。

そして慶長十七年（一六一二）、いったん五島家を継いだ玄雅が他界、養子の盛利《もりとし》が第二十二代となります。五島列島の近世、そして五島の江戸時代は、ある面でほとんどこの盛利とともに始まったともいえます。彼は朝鮮出兵・関ヶ原の戦いという一連の厖大な出費を踏まえ、危機にあった藩財政の安定と領主権の確立をめざしたのです。ちなみに、盛利以前の時代は、島内各地の大小領主はそれぞれ自前の所領をもって分立しており、正月元旦から十五日まで江川城における年賀参列をはたせば、それで臣従したことになっていたのです。ところが、慶長十九年（一六一四）八月十五日、本拠地の江川城が原因不明の火災で全焼し、歴代の記録・重宝すべて灰燼《かいじん》に帰したのです。

そのいっぽう、おなじ年に、唐船の貿易港は長崎一カ所に限定され、これにともない五島本島の江川・深江の両所および唐船浦での自由貿易は禁止されました。ようするに、五島藩は内外ともに二重・三重の緊急事態となったわけです。しかも、翌慶長二十年（一六一五）、大坂夏の陣で豊臣家が滅亡し、徳川の天下が確定しました。ちなみに、五島藩主・盛利は夏の陣にむかうべく兵をつれて赴いたのですが、途上で大坂落城を聞き、家康に祝賀の意を表してそれで済みました。たぶん、豊臣・徳川いずれの勝利かを見定めるまで、ソロソロと出掛けていったのでしょう。小藩ゆえの〝小知恵〟かもしれません。なお余談ながら、大坂夏の陣の最終段階で、決死の野戦攻撃を仕掛ける真田幸村以下に斬りこまれて家康は実は他界していたという堺商人の見聞もあり、かならずしも徳川絶対優位とは限らなかったのです。

ともかく、豊臣・徳川の〝最終決戦〟の前段階である大坂冬の陣のさなかの慶長十九年、五島盛利は在郷家臣団を深江城下に集住させるため、「深江直《なお》り」を開始します。そして、かなりの苦労ののち、寛永十一年（一六三四）に藩士百七十余家の集住をはたしました。ここに、いわば五島の〝中央集権〟が始まったわけです。そのおりの家中屋敷の配置と市街区は、今もほぼそのままにのこっています。さらに、寛永十五年（一六三八）、旧・江川城にかわって石田陣屋が完成、唐津城主の寺沢広高の設計で、木材はかの鬼岳《おんだけ》から伐《き》り出したということです。であれば、今はずんべらぼうの鬼岳は、当時は木々におおわれていたことになります。さらには深江を福江と改称し、戸島を富江とあらためました。福江島という名も、そのときにちなむわけです。

異国船警備と分知問題

さて、よく知られていますように、幕府の鎖国政策にもとづき、対象となる貿易相手は中国とオランダの二カ国のみに限られたのですが、そうした貿易船の多くは五島列島の沖合を航行しつつ、やがて長崎湾に入り、出島に到りました。そのため、どうしても五島列島一帯の海岸部には、異国船がしばしば漂着することになります。五島藩としても、なにかと防備をととのえざるをえず、常備の臨戦態勢をしいて、城下に居住する武士たちから郷士・足軽・在郷の小人などを配置したのでした。しかし当然ながら、その経費は大変なものでした。

異国船が漂着すると、まずはただちに遠見番・代官・福江奉行所の順で報告され、厳重な警備のうえで長崎に曳航します。そのさいすべてで二十艘にのぼる船を用意し、あわせて各種の水主などを動員しました。かくて藩財政への圧迫は尋常ではなく、とくに唐船については経費を唐人から徴収したのです。いっぽう、幕府としては鎖国体制を強化するねらいから、とくに五島藩に関しては江戸在役を免じて、異国船警備役を命じ、五島藩もそれをうけて寛永十八年（一六四一）、五島列島領内の要所である大瀬崎・嵯峨島・岐宿・富江・黄島・祝言島《しゅうげんじま》・宇久島の七カ所に、それぞれ遠見番所をつくって異国船の往来を監視・通報させることとなりました。さらに、その四年後には、異国船の通行がふえたため、遠見番所を鬼岳・奈留・福見・友住《ともすみ》の四カ所にも設けて、計十一カ所としました。

そうしたかたわら、手ひどい飢饉が襲った京・摂津の流民を、京都所司代・板倉周防守《すおうのかみ》（重宗）に請うて五島に移住させ、土地をあたえて田畑を開かせるなど、小藩ゆえの知恵と工夫をめぐらして、苦心をかさねました。ところが、かねてより第二十三代の当主・五島盛次は病弱のため、弟の盛清が分藩活動を展開、運動の挙句になんと幕府の許しをもらいうけてしまい、寛文元年（一六六一）七月には二十カ村・三千石をもって分知し、翌年十一月には福江島の南辺にあたる富江に陣屋を構え、ささやかな城下町をつくったのです。もともとこぶりの規模でしかなかった五島藩としては、ますます困ったことになりました。そのうえ、富江陣屋の目のまえに広がる有川湾は五島のなかでも最高の漁場でしたが、次に述べますように、それまでのいきがかりも含めて、福江領の有川村と富江領の魚目《うおのめ》村は、なにかと対立しがちとなったのです。

利潤の大きい捕鯨業

ここでとても興味深いのは、捕鯨業でした。実はいくらか分知問題とからむのですが、五島における捕鯨は、慶長三年（一五九八）に突漁《とつりょう》から始まったそうです。そして、やや時がすぎて寛永三年（一六二六）、すなわち三代将軍・家光の治世のはじめころ、紀州の湯浅の庄助というものが頭となって組織をつくり、やはりおなじ紀州は古座浦《こざうら》の三郎太郎なる人物が、五島・福江島に所在する有川村の庄屋、江口甚右衛門と手を組み、「突組」を作ったのが本格化のはじまりとのことです。おもな漁場は、まさに有川湾でした。当然のことながら、福江と富江の争いが絶えないなか、翌年には捕鯨組が組織され、有川村と魚目村のそれぞれの庄屋の間で争いとなりました。

捕鯨のスケールが大きくなると、有川側に十組、魚目側に八組もの組織体が出現し、鯨のみならず、海豚《いるか》・鰹・鰯などなど、漁はおおいに盛況となりました。富江側の魚目は農業よりも漁業を主とし、福江側の有川は田畑を主として漁業には制限がありました。結局、知行権の問題もからみ、それぞれの領主にとっても重要な財政基盤であったので、二転・三転した挙句に、幕府裁定にもとづき、それなりの結着がつけられたのです。都合十年におよぶ領海紛争でした。

五島とくに福江島における捕鯨の利潤は、まことに大きいものでした。海豚をはじめ鮪・鱰《しいら》などについても運上金《うんじょうきん》（税）が徴収されました。ちなみに、天和《てんわ》二年（一六八二）のこと、深沢儀太夫なる業者は六十頭の鯨を得て、十八貫目もの運上金を納めたそうです。この時代、捕鯨業は「鯨一本とらうれば、七浦浮かぶ」といわれ、巨利となる商品でした。「七浦」、すなわち七つの漁村をささえるほどだったというわけです。鯨は、肉をはじめさまざまなものに用いられ、無駄はありませんでした。長崎出島にいたシーボルトの弟子、高野長英によれば、大鯨一頭は四千両だったというから驚きです。なお、黒田如水《じょすい》（官兵衛）・長政の父子は、ともに捕鯨に関心があり、とくに長政は、天下人となった徳川家康に樽詰めの鯨を贈り、家康も丁寧な礼状を出しています。なお、このあたり福岡を拠点にさまざまな著作・発信で知られる武野要子さんからの引用です。

こうしてなにやかやあったものの、「海の大名」たる五島藩は確たる城ももたぬまま、おおむねはほとんど無風にちかい江戸時代をうちすぎて、やがて幕末という疾風怒濤の時代を迎えることになります。

第五章　〝世界史の時代〟に築かれた城

列強到来のうねり

さて、徳川の世になったからといって、すぐに中国・オランダ以外との海外貿易が閉ざされたわけではありませんでした。しばらくは、東南アジア諸国との朱印船《しゅいんせん》貿易はつづきました。また、家康自身は海外との貿易に実は熱心で、イスパニア船を自分の足許たる江戸湾頭の、とくに浦賀あたりに導き入れて貿易港をつくり、ダイレクトに貿易事業を展開しようとしました。その発想はよくわかります。ところが、江戸湾すなわち現・東京湾入口部分の海流はきつく、動力船でなかった当時は湾内に入るのは簡単ではありませんでした。

おそらく家康としては、以前に豊臣秀吉が東アジアの海へ乗り出そうとしたことを踏まえつつも、あらたなる天下人の居城としての江戸を、かつての大坂城と大坂の町をこえる坂東の大拠点にして、天下布武《ふぶ》の地とすべく発想したのでしょう。その気分もよくわかります。つまり、発想はよかったのですが、当時の技術能力では江戸湾の大々的な〝国際港湾化〟は無理だったのです。その意味では家康は、一六〇一四、一五年の大坂冬夏の陣で豊臣家を滅ぼし、その翌年に大往生をとげたため、江戸の〝大港湾計画〟は、明治以降にゆだねられたわけです。

ちなみに、後述する嘉永六年（一八五三）来航の有名なペリー艦隊も、四隻のうち旗艦サスケハンナ号（二四五〇トン）とミシシッピー号（一六九二トン）は蒸気船、すなわち自力航行ができる動力船でしたが、他のプリマス号（九八九トン）とサラトガ号（八八二トン）の二隻は帆船で、動力船である上記の両艦に引かれて江戸湾内に侵入しました。それくらいの海流であり、またそうした蕩々たる黒潮という名の〝海の大河〟を突っ切れる動力船の出現は、世界の海洋史にとって、あるいは世界史そのものの展開においても、まさに画期的であったのです。

いわゆる黒船の到来は、日本国にとっては文字どおり「太平の眠りを醒ます蒸気船（上喜撰）」でしたが、世界の軍事史・海洋史においても、まさにペリー艦隊は動力船という新しい時代の訪れを象徴するものだったのです。こののち、船はすべからく動力船となりゆき、基本的には風の有無や海流にかかわりなく、みずからの意思のままに航行できることとなり、艦隊行動と予定どおりの海上展開が成立しました。有史以来、陸上部隊がなしてきたさまざまな作戦行動を、海上部隊もまたおなじように採れることとなったわけで、ここにいたって世界の軍事史は一変したのです。その後の世界主要国の造船技術・艦隊建設の進展は、まことに目ざましいものがあり、明治維新後の日本国もまた、やはりその大きなうねりのひとつとなって参入することになるのです。

なお、あえていくらか附け加えますと、ペリーは一八三七年にアメリカ最初の蒸気軍艦を建造して初代の艦長となり、「アメリカ蒸気動力船の父」と呼ばれてアメリカ海軍の功労者とされました。さらに一八四六年におきたメキシコとの戦争のさいには、はじめて蒸気軍艦を実戦に用いたうえで、さらなる本格的な〝外征〟として赴いたのが日本遠征だったのです。このあたり、日本とアメリカ両国は、どこか不思議なえにしで結ばれていたかのようです。

コラム　ペリー提督とその後

本来ならば、ペリー艦隊にかかわることは、もう少しのちのこととして述べるべきではありますが、あえて順番をくずすかたちで、ここでひとまずまとめて述べておきたいと存じます。日本にやってきたペリー艦隊は、浦賀湾の入口にあたる断崖のへりをまわり、水深を確認しつつ、観音崎ちかくに、一列をなして投錨しました。たしかにこのあたりは、潮流についても都合よく、また北西の風などからも守られたところでした。

ちなみに、全くのわたくしごとめいて恐縮のかぎりなのですが、祖父が外国航路の船員で、オーストラリアの大ぶりのコインをつなぎあわせたものや、あれこれけったいなものを、いろいろともっていました。この少々かわった爺さんに、ペリー艦隊は江戸湾に入るときに一体どうしたのかなと、つい聞いてしまったのがまちがいで、爺さんは急にやたらに元気になって、浦賀あたりにいってみようということになりました。かたや、まじめのかたまりのような父はもとより、母も反対してとりやめになったのですが……。ただし、わたくしはそのあたりなにかと気になり、子供ながらにいろいろと〝資料〟めいたものを集めました。きっと、周りから見れば、よほど変な子供だったのでしょう。

閑話休題。さて、ペリー艦隊はかの停泊地に一八五三年七月八日から六日間やすらったのち、四隻のうち二隻の蒸気船を発進させて、久里浜にてアメリカ大統領の親書を受け渡す儀式に臨みました。その後、ペリー艦隊はいったん香港に引き、その翌年にあらためて横浜にやってきたときは、七隻でした。そして、沖縄から小笠原・函館・下田といった港を歴訪しつつ、これといった事故もなく友邦との交流をはたしたことは、歴史上もっと評価されていいのではないでしょうか。ようするに、司令官ペリーをはじめとする乗組員の人々は、見事なほどの規律ときちんとした振舞いを示したのです。

日本遠征からもどったペリーは、十人の子供とともにその後ニューヨークで『遠征記』の執筆に没頭します。そして帰国からわずか三年後の一八五八年三月四日、マンハッタンの自邸でその生涯を閉じました。率直にいって、あまりにも短い人生であったというほかはありません。ひょっとして、ペリーは今わたくしたちが思う以上に、日米友好のために尽瘁《じんすい》しつくしたのかもしれません。今こうしてある日米友好は、ペリーの努力も見逃せないでしょう。なお、このあたり小島敦夫さんの『ペリー提督　海洋人の肖像』という名著に多くを負っていることを、ここに銘記いたします。

「鎖国」と「海防」

ところで、「鎖国」なる表現は、十九世紀の初年、長崎出身の天文学者でオランダ通詞であった志筑忠雄《しづきただお》が命名したいい方で、あくまでも江戸日本が孤立主義・閉鎖主義であったことの弊害をいわんがための、まさに十九世紀的な（というか近代的な）発想による造語であったというほかはありません。かえりみて、家康没後の徳川権力は次第に内向きになり、寛永元年（一六二四）にイスパニアと断交、その後のキリスト教禁制や日本人の海外往来の禁止などをへて、寛永十六年（一六三九）のポルトガル船の来航禁止をもって「鎖国」は完成したとされます。しかし、そのいっぽうオランダや明国・朝鮮とは通交したわけで、ようするに幕府の貿易独占と西南雄藩の富強化の防止がポイントなのでした。「鎖国」は前述のペリー来航までの二百十五年間というのが相場ですが、その間でもオランダなどから情報、データ、学術などはそれなりに入ってきており、全く寝ぼけていたわけではありませんでした。

十八世紀後半からは「蘭癖《らんぺき》大名」などと呼ばれる学問好きの大名なども複数で出現し、ヨーロッパ事情の入手・理解・研究はなされていました。とりわけ、将軍以上に血筋がいいともいえる松平定信によって、ロシア南下に備える蝦夷地《えぞち》の直轄化や江戸廻運システム計画など、一連の諸改革・国家改造プランが着手されていたならば、幕末はその様相を変えていた可能性が大いにあります。筆者個人としては、定信の屈指の良血というか〝スーパーお坊ちゃん〟ゆえの脇の甘さが、瑣事《さじ》による失脚につながったことを残念に思います。

なお、「海防」の語は現在も使われていますが、実は定信が老中首座として幕政を動かしていた寛政期ころからあらわれます。つまりはこのころから、日本の近海は波高しとなりつつあったわけです。海辺防備、もしくは海岸防禦の略語として使われ、とくに十九世紀になるとペリーの来航よりかなり先立つ時点ですでに、「海防」は支配層や知識人たちにはごく当たり前の用語・概念となっていました。

ひるがえって、いわゆる「鎖国」は決して「鎖国」ではありませんでした。過度の閉鎖社会をイメージするのは間違いなのです。ただし、ここでもっとも肝心なことは、十八世紀後半以降、英仏を先頭に産業化・軍事化を開始した西欧が、おもに海づたいにアジアにむけて本格的に乗り出し、インド亜大陸などにおける覇権競争と植民地化を展開しはじめたことです。日本は、そのときにもっと敏感に反応すべきだったのです。定信以下の学問好きの大名やそのブレインとなった学者・知識人たちは、当時の国際情勢をかなりわかっていたはずでした。時間的余裕は、まだまだかなりあったといっていいでしょう。まさに、定信から志筑《しづき》忠雄（長崎出身の蘭学者）にかけてのころ、しかるべき手立てをきちんと打っていたならば、ペリー来航に象徴される大あわてはなかったのではないでしょうか。そこにおける五十年ほどの〝居眠り〟は、一体なんだったのでしょう。

国家として油断をすることと、国民が安楽に暮らせること、それは全く別のことです。いつも十二分に周囲と世界をおし眺め、備えと手立てを隙なく施して、そのうえで世界の国々とやわらかく、かつはしなやかにつきあってゆくこと——。それが「鎖国」への反省でしょうし、現在と今後の日本のひとつの指針となるものでしょう。幕末・明治維新にいたるさまざまな苦難と混乱は、現在のわれわれがふりかえるべき事例のかたまりといえるかもしれません。

日本最後の城

さて、ここで一気に嘉永《かえい》二年（一八四九）の五島、とくに福江本島の福江とその周辺にタイムスリップします。すでにいくらか触れましたように、五島藩は江川城が焼け落ちたのちは石田陣屋をつくり、城をもたないまま二百年余を閲《けみ》しました。そして、三十五代の当主・五島盛成《もりあきら》の代となり、異国船がしきりに近海を通航する状況から、ついに築城を幕府に歎願したのです。その結果、七月七日、許可を得たのはきわめて異例のことといっていいでしょう。そして、なんと翌八月十五日にはただちに造営を開始したのでした。よほど防禦の必要を痛感していたのでしょうし、また盛成が城持ちたらんとする望みを長らく抱いていたゆえもあったのでしょう。かくて、一八四九年、福江の夏は例年にもまして暑い夏となりました。

そうしたかたわら、この年の閏《うるう》四月八日、マリナー号というイギリス軍艦が城ヶ島沖にあらわれ、さらに四日後には伊豆国の下田にいたって湾内を測量し、なんといったん上陸したのです。下田はもとより天領で、伊豆韮山《にらやま》の地付き代官にしてのち反射炉の築造などで名高くなった江川英龍《ひでたつ》の支配地でした。急報をうけて小田原藩（大久保家）と沼津藩（水野家）、そして掛川藩（太田家）が出動、浦賀奉行所の与力・香山又蔵が江川英龍とともにオランダ通詞や役人をともなってマリナー号に赴きました。

異国船には意外なことに日本語を話すものがいて、唐国のもので林阿多《アトウ》と名乗りました。服装はイギリス風で、年齢は四十歳くらい、髪はくろぐろとし顔色や眼の色は日本人とおなじ、言葉づかいもよく、日向《ひゅうが》あたりのもののいいようであったといいます。この男は「船はイギリスの軍艦で船号はマロナ、艦長はマテスン」であるといい、イギリス東インド艦隊に属するスループ砲艦マリナーで、艦長はマゼソン、江戸湾と下田港の測量の命を帯び、新暦五月十四日に上海を出帆してきたものであると述べました。

ようするに、彼こそはすぐる天保八年（一八三七）、日本人の漂流民七人をともない通商を求めて浦賀沖と鹿児島湾口にやってきたアメリカのオリファント会社・モリソン号のかつての漂流民のひとりであった音吉だったのです。そのときは幕府が異国船打払令によって砲撃を命じ退去させたのです。その結果、渡辺崋山や高野長英らが幕府の対外強硬策を批判し、いわゆる蛮社《ばんしゃ》の獄《ごく》のきっかけとなりました。

一八三七年の、かのモリソン号事件、それから十二年後のマリナー号、二つの船のかかわりとえにしも独特の陰翳に満ちていますが、なによりも七人の日本人漂流者、すなわち音吉をはじめとする三人の宝順丸の尾張人、かたや原田庄蔵ら九州組の四人、それぞれの運命と変転は、まことに波乱にとみ、とりわけ音吉の国境や習俗・言語などをつきぬけた〝世界人〟のようなあり方、人としてのたたずまいは強烈な印象を与えてくれます。この

石田城は明治を目前にして築かれた“日本最後の城”

あたりについては、春名徹さんの快作『にっぽん音吉漂流記』を是非お読み下さい。

なお、この「マリナー号事件」の前年には、アメリカのビッドル艦隊が浦賀へ、そしてフランスのセシュ艦隊が長崎へやってきました。この結果、嘉永二年の末にはいわゆる海防強化令が出されるのです。五島藩への築城許可とあわただしい造営開始は、まさにこうした緊急情勢のなかでなされたのでした。

これに先立つ弘化《こうか》二年（一八四五）七月、五島藩は農民に鎌と熊手をそれぞれ百本ずつあつらえさせて武器とし、さらにその三年後の嘉永元年（一八四八）には大浜にて軍事訓練をおこないました。武士と農民・平民、そしておそらくは漁民も問わず、いわば国民皆兵の構えを採ったのです。そのうえでの石田浜における築城開始でした。先述のように、この新たなる五島氏の居城は、石田城とも福江城とも呼ばれます。

築城と警備態勢の二本立て

時あたかも、城づくりが島民全体を挙げた大事業としておこなわれだした嘉永五年（一八五二）七月、そして翌六年（ペリー来航の年）にも、アメリカ船とロシア船が出現し、まさに緊急事態となって全島内外にわたる警備態勢が強化されました。そして、警備番役の一番手の総勢五百六十二人をさだめ、その内訳として家老の今利《いまり》大之進をはじめ、武士が主軸となりつつも、足軽・船頭、職人町からの「浮勢《うきぜい》」七十人なども編成され、大筒十六丁・十匁《もんめ》筒十二丁・小筒八丁・弓十三張《はり》などが装備されました。身分と立場をこえた混成メンバーでした。

五島藩は参勤交代を免除してもらい、新たな軍事体制を整えます。船は全部で五十一艘、それにかかわる侍・足軽・船頭水主など九百五十九人、侍の総数は二百五十四人、その足軽・雑人などが四百六十五人、それにはなんと紺屋《こうや》や職人たちも含まれ、さらに鉄砲・砲筒がかなり備えられていますから、まことにささやかな小藩としては、かなりな重装備だったといえます。また、築城中ながら石田城の守備には二百五十人を交代であて、かつは水道口をも防禦する体制を敷きました。まさに、臨戦態勢を採ったのです。

さらに、安政二年（一八五五）にはふたたび軍事訓練をおこない、翌安政三年（一八五六）と文久三年（一八六三）には、藩内の要地に十二カ所の台場（砲台）を築き、海岸防禦の手当ての人数と武器総数とをあわせて、構築した台場の数を幕府に報告しました。そしてついには、士民すべてを対象にして、刀槍の訓練所・射撃場・馬術場・放銃場を開き、武術教育を徹底して異国船に備えたのです。築城と防衛体制の整備、そして身分にかかわらない軍事訓練という三つの同時進行は、ただでも懐《ふところ》具合の潤沢ではなかった五島藩をますます窮迫化させました。もっともこうしたことは福江藩に限らず、とくに海に面する諸藩はかなりな数の台場を構築し、海防に努めたのです。もとより幕府を含めて、日本国をあげてのことでした。

すでに、石田城の建造に着手した嘉永二年の時点で、五島藩は酒造りと鰤《しいら》の運上金を二割ふやしています。資金不足になると酒屋に課税するというのは古くからのやり方ですが、鰤も対象となったのはいかにも五島らしいことでした。ちなみに、よほど鰤は五島に特別なものとして珍重され、商品価値が高かったのでしょう。これを皮切りに、安政三年には、五厘・一分・二分・五分・一匁・二匁・五匁・十匁の八種類からなる三万両の藩札を発行し、さらに献銀をつのりました。かくて、この前後に総計千二百両・銀十貫目を差し出した西村家をはじめ、千両の冥加金《みょうがきん》を出した岩永惣平など複数の〝企業家〟があらわれ、それらは漁業権の附与を意味する「網代《あじろ》」と引き換えのかたちを採りました。

こうしたさまざまな工夫を重ねた挙句に、安政六年（一八五九）、あらたな藩主となった五島盛徳のもと、築城開始から蜿々《えんえん》と十四年たった文久三年（一八六三）六月二十八日、ついに城郭が完成し、さらに三千両にのぼる城付軍用金をも蓄えることができるようになったのです。その喜びを綴る五島盛徳の文言《もんごん》が今に伝わっています。

まずは、嘉永二年の幕府から築城の許可が出たことを「家《いえ》に取《と》り此《こ》の上無《うえな》し」と前置きし、ついで「然《しか》る上《うえ》は旧城の古格《こかく》に復《ふく》し、且《か》つは蛮夷《ばんい》の防禦に心強き事に候」と、かつての失われた江川城以来、ついに石田城という居城を完成させたことを喜び、かつそれが外敵防衛のささえとなることを述べ、そして「万一《まんいち》蛮夷乱暴の儀も有之候《これありそうら》はば公辺へ訴え、時宜《じぎ》により隣国の加勢も受く可《べ》き事に候」と、列強に対する海防には幕府や九州の諸大名との連携が必要であることに言及します。喜びとともに、いちじるしい緊張感が伝わってきます。

いっぽうこの年の三月には十四代将軍・家茂《いえもち》が上洛し、攘夷祈願のため賀茂神社へ行幸する孝明天皇に随従するかたちを採り、翌四月には幕府は攘夷期限を五月十日と上奏します。そして、まさにその五月には、長州藩が関門海峡を通るアメリカ船を砲撃し、七月には薩英戦争がおこり、八月には攘夷親征の勅許が出されるわけです。かくてここに、日本国は動乱の六年間を迎えることになったのです。ささやかな五島藩の緊張は、独特の場所柄もあり、当然すぎるほど当然なのでした。そして、序章で触れましたように、五島藩主の盛徳は幕朝交替・明治維新のさなかにあって、上洛の勅命を受けつつも情勢を観望《かんぼう》し、大勢があきらかとなった慶応四年（一八六八）四月にようやく上京することになるのです。しかし、そのことを責めることは誰もできないでしょう。まさに眇《びょう》たる小藩でありながら、日本の西端に位置する海上交通の要衝という地理的な運命のなかで、他藩が味わう以上の苦しみと精一杯の努力を重ねたというほかありません。

小さいが屈強の構え

さて、石田城もしくは福江城は、足掛け十五年、工費は二万両ないし三万両、動員された人夫はのべ五万人であったといいます。東西はおよそ二〇九一メートル、周囲は一三四六メートルで、総面積は一万六一三二坪。本丸・二の丸・北の丸の三部分からなり、内堀・外堀の二重の城濠をめぐらします。天守閣は造られず、本丸の二重櫓《やぐら》が代用されました。築城当時は南・東・北の三方が海に面する「海城」でした。まさに幕末のさなかに造営され、海防や外国船の到来に備えるため、城内には六カ所の台場が設けられるいっぽう、福江川の河口に「常灯鼻《じょうとうばな》」と呼ばれる灯台がつくられ、さらに波濤から城を守るため、現在の防波堤にあたる「導水堤」が造営されました。結局、実戦することはなかったわけですが、いざ戦えばかなり強力な防御力を発揮したことだろうと想像されます。これまた小

福江川の河口につくられた灯台・常灯鼻

藩に似合わぬ構えだったといえるでしょう。
十四年の歳月をついやして一八六三年に完成したわけですが、五年後には明治維新となり、明治五年（一八七二）には本丸が解体されました。城としての生命は、わずかに九年でした。ちなみに、石田城と同時に造営が許可された北海道の松前城は、六年で完成していますが、松前藩が二十九代の松前盛繁《もりしげ》のときに取りつぶされて天領となり、城はそのまま幕府直轄の〝要塞〟に変わりました。まさに幕末もすえのころ、五稜郭をはじめ洋式の城堡《じようほ》がいくつか築造されますが、それは諸藩の力になるものではなく、また当然、日本の伝統的な城とは根本的に異なる形式のものでした。石田城はささやかな大名がつくった和式の城として、「日本最後の城」とも「日本で一番新しい城」とも称されることになったわけです。

エピローグ――「海の城」のようすが、うるわしい城下町、そしてリゾートとして

五島は不思議な列島です。隠岐や対馬、また古くは「ナハ」といった沖縄やもしくは奄美のように、日本の本州とかなりの距離をもって離れているというわけではありません。平戸島からひょいっと海を渡れば、大小の島々がぴったりと身を寄せ合うようにくっついており、島と島との間は数多くの瀬戸が便利な水路となって分断されているのではなく、むしろ密接にむすばれています。小舟さえあれば、どこへもいけそうです。五島の島々の面積を合計すれば、かなり大きな空間となるのですが、不思議なことに淡路島や隠岐・対馬・壱岐・佐渡のように、かつて「国」と呼ばれたことは遂にありませんでした。しかし、五島は絶好の漁場となる周辺海域を含めると、まことに雄大な存在感をもっています。

日本の島々には、たいてい遠島《えんとう》伝説といいますか、島流しにされた英雄・貴人たちの足

五島はいまやうるわしいリゾート（三井楽高崎ビーチ）

跡や伝説・説話が数多くのこされているのですが、五島にはほとんどそれがありません。まるで五島の空と海がそうであるように、あくまでもカラリと晴れわたって、陰々滅々とした落人《おちうど》伝説などとは無縁です。むしろ、「海の武士団」と隠れキリシタンに象徴される近世の骨太でハイセンスな息吹きが漂います。

いっぽう、海岸の丸石を用いつつ、角石については福江川の川石を整形加工してつくられた石田城の石垣と城濠、そして武家屋敷のアンサンブルは、日本でも屈指に美しい城下町の佇まいと「海の城」のようすがを今も色濃くのこしています。ちなみに、城濠に使われたつるつるの丸石は、手が滑ってよじ登ることはできず、まったく隙間なくきっちりと組み上げられた角石とともに、突出して精密な築城技術を物語っています。小ぶりだけれども、味わい深い町並みをぶらりとゆくと、まさに幕末が蘇ってくる気がします。

近年は五島の島々が、リゾートや第二の人生を楽しむ場として注目され、東京方面などから短期・長期を問わず、移住する人がかなりふえていると聞きます。もとより、五島の魚介類は絶品です。なお、筆者は四十年近く前にふらりと五島を訪れて以来、再訪の機会がないままにうちすぎています。本当は、五島を発してチェジュド（済州島）や韓半島へ、もしくはまさに上海へと、昔とおなじ帆船で歴史の波濤をこえた旅をしてみたいと念願しています。ただし、その時は目には見えない「海の国境」がわずらわしいというほかはありません。それらのことを乗り越えて、もし望むような〝船旅〟がかなったとき、「海の国・五島」は、はたしてどう見えてくるのでしょうか。

旅のおわりに——大宰府とその周辺にて

実のところ、福江から長崎に戻った前後のことは、どう思い出そうとしてもスッポリと記憶からぬけおちていて、ほとんどおぼえていません。行きとおなじように、フェリーに乗って長崎港に着き、そこから長崎市中で見逃したところをあちこち眺めたはずなのですが……。多分、よほど五島と福江が楽しかったのでしょう。それに、あれこれ詳しくメモを採るといった人間ではもともとないうえ、このような〝旅行記〟めいたものを書くなど、少なくともその時は考えもしなかったのですから。それにしても、われながら驚くべき忘却ぶりではあります。

多分、長崎から列車に乗って有明海を眺めつつ、福岡に赴くつもりだったのでしょうが、なにせ計画なしの全くのブラリ旅、二日市《ふつかいち》でなんとなく下車したくなったのです。これまたまるで〝うろおぼえ〟でしかないのですが、ガラ空《す》きの車輌のなかで、話しかけてくださった方とおしゃべりしているうちに、二日市には温泉があっていいところだよと教えていただいたのだと思います。そこで、お礼を申し上げて下車し、ゆっくりと一帯を眺め歩いて、独特の風情と佇いを味わいました。しかし、すぐに気が変わるのも旅の常。やはり、大宰府に立ち寄らないのも妙なので、結局は大宰府にむかうことにしました。

大宰府までは、そう遠くありませんでした。それに京都では北野の天神さん（北野天満宮のこと）には、ときどき赴いていましたし、（菅原）道真が大宰権帥《だざいのごんのそち》として左遷され没したところでもありますので、ここはまず敬意を表そうと太宰府天満宮にまいりました。ちなみに、「大宰府」なのか「太宰府」なのか、なかなかややこしく微妙なところがあります。現地の人は大変かもしれませんね。ところが、すでに夕暮れが迫りつつあって、そこでどこか宿泊できる手ごろなところがないものか、たしか土産物屋のおじさんに尋ねたのです。紹介されたのは山の中腹にできたばかりの「ユースホステル大宰府」でした。これは有難いと、教えていただいたまま、かなり傾斜のある山道を歩いてゆきました。

ほとんど誰も通らず、はたしてこれでいいのか、少々不安になりつつあった時、ポツンと一軒のお宅が見え、とても上品な男性が庭の手入れをされていたのです。これ幸いとお尋ねしますと、とても親切なかたで、いろいろと教えていただきました。ホッとして、お礼を申し上げてさらにゆくと、堂々たる構えの立派な建物に辿りつきました。すべてがすべてほぼ〝サラ〟に近く、温泉は壮大で、一面ガラス張り、眼下には大宰府の町が家々の光とともに広がっていました。お客さんはといえば、ほとんどおらず、妙にリッチな気分になり、意外といっては失礼ですが、食事もなかなかのものでした。

翌日は、大宰府一帯を歩いて回ることにしました。なお、そのころはまだ九州国立博物館は、影もかたちもありませんでした。大宰府は、和訓で読むと「オオミコトモチノツカサ」といいます。「オオミコト」とは、天皇の御命のこと。「ツカサ」は、官庁・役所、それにかかわる人をいい、あわせて「天皇の命を奉じて行うもの」のことです。そして、大宰ないし太宰は、もともとは漢語で、「長官」「百官の長」といった意味。諸官をとりしきって、もろもろのことを行うことから、特定の要地に置かれたのです。やがて、七〇一年に大宝律令が定められて筑紫大宰だけがのこり、「大宰府」となりました。その長官を「大宰帥《だざいのそつ》」といい、ようするに日本列島にとって、大陸にもっとも近い要地にして窓口をあずかる重要な立場でした。

もっと簡単にいえば、〝国防〟の最前線であったのです。西暦六六三年、かの白村江の戦いにおいて、百済を支援した日本は唐・新羅連合軍に敗れ、国家的危機となるのですが、そのさい現在の大宰府趾（正確には太宰府市観世音寺四丁目）に設営されたと、ふつうにはいわれています。もっとも、そうはいいながらも、『日本書紀』には推古天皇の時代、具体的にはその十七年（六〇九）に「筑紫大宰」の語が見え、このあたり微妙ではあります。いっぽう、「遠《とお》の朝廷《みかど》」という心を湧き立たせるような、うるわしい呼び名があります。たとえば、かの柿本人麻呂が筑紫の国にくだったときに、その海路にて作った歌として次のようにあります。

　大君《おおきみ》の遠《とお》の朝廷《みかど》とあり通《かよ》ふ島門《しまと》を見《み》れば神代《かみよ》し思《おも》ほゆ（『万葉集』巻三・三〇四）

わたくしごとで恐縮ながら、高校生のとき、とても熱心な国語の先生がおられ、とりわけ『万葉集』を愛されているらしく、独特の抑揚をつけて朗誦されたことを思い出します。ちなみに、『万葉集』には「遠の朝廷」の語は、幾度かあらわれます。ようするに、「遠の朝廷」とは大和《やまと》の朝廷とは別の、もうひとつの特別な要地というか、遥か西にあるものの、海の彼方の異国《とつくに》との緊張感も含めた〝国家最前線〟の地にして、外来の人々・文化・刺激など、もろもろを受けとめる総合センターのようなところでもあったのでしょう。

大宰府とその一帯といっても随分と広く、そこにさまざまな遺構・史跡が点在しているのですが、なにせモンゴル帝国とか世界史といったものをあれこれ扱っている人間ですので、まずはなにより「水城《みずき》」を見てみたいと赴きました。「水城」は、既述の白村江の敗戦の翌年、唐・新羅の来襲に備えて構築されたもので、博多湾から侵攻してくる敵を遮断・迎撃するため、大宰府の北にある大野山と丘陵地をつないで、およそ一・二キロメートルにわたる土城の防壁をつくりあげたのです。

さらに時すぎて、かのモンゴル襲来のとき、とりわけ一回目のことだったのですが、博多湾でモンゴル軍と戦った日本勢は「利あらず」と見て、いったんこの水城にまで後退し、そこで態勢を立て直して、モンゴル側の上陸軍を迎撃しようとしたのでした。もっとも、モンゴル側も苦戦と認識し、いったん博多湾上の兵船に戻ったところを風濤に襲われて、かなりな損害を出して撤退したとされています。台風のためとか、あるいは虎の子ともいうべき〝海軍〟を少しでも失いたくなかったためとか、意見はいろいろとありますが、実のところ、その真相は定かではありません。

ひるがえって、白村江からモンゴル襲来まで、およそ六百十年。その間、それなりの防壁が維持・補修されたことは、考えてみれば驚くべきことです。そもそも「海の国」であたとえば本文中でも触れた一四一九年の日本は、外敵の襲来という事態は稀でしかなく、たとえば本文中でも触れた一四一九年のいわゆる応永の外寇などといっても、所詮は李氏朝鮮軍は十日あまりで撤退し、ほとんど歴史上のエピソードにとどまっています。やはり、ペリー艦隊に象徴される幕末、そしてなによりも第二次大戦におけるアメリカ軍の〝襲来〟と日本の敗北・占領こそ、日本史上で最大の〝風濤〟であったというほかはありません。

なお、全くの余談ながら、時代という〝歴史の風濤〟を実にダイナミックかつリリカルに描いた井上靖は、文字どおり『風濤《ふうとう》』という実に骨太の大河小説を残しています。ひょっとすると、井上靖にとって米軍襲来とモンゴル襲来は、イメージのなかで連動していたのかもしれません。私にとっては、高校・大学の先輩ですが、直接にお会いすることはありませんでした。しばらく前、高校の二年先輩にあたる映画監督が『わが母の記』という作品を製作され、役所広司さんが井上靖役、樹木希林さんがお母様役を演じられ、評判をとりました。おもに舞台となる沼津や内浦湾の光る海などを映像化され、旧・沼津御用邸の静かな佇いも印象的でした。

さて水城ですが、ああなるほどと思える豊かな木々におおわれた姿をとどめ、ある種の緑樹帯とでもいっていいような独特の風情と雰囲気を湛《たた》えていました。文献上では、白村江の戦いの翌年、天智天皇の三年（六六四）の条に、「対馬・壱岐・筑紫国等に防《さきもり》と烽《すすみ》を置き、また筑紫に大堤を築きて、水を貯えしむ。名づけて水城という」と、文字どおり「大堤」に水をたたえたかたちの、まさに水と土城のコンプレックスをつくりあげていたことが明記されています。水城と呼ぶのは、名実ともにそのとおりであったわけです。

昭和五十年（一九七五）、本格的な発掘調査がおこなわれ、水城の博多側に幅六十メートル、水深はおよそ三〜四メートルの「水濠」があったことがあきらかになりました。であれば、すでに触れましたように、一回目のモンゴル襲来のさい、博多湾一帯での戦闘で「不利」と考えた日本側が、「水城」をさして後退したのは当然だったろうなと思います。これだけ壮大な〝水城〟を備えた〝長城〟があれば、もしモンゴル軍が追尾してきても、容易にはねかえすことができたでしょうし、また戦闘態勢をたてなおして、博多湾へと再度おしだすこともできたわけです。

往時の水城の姿を想像しつつ、わたくしとしては「もはや見るべきものは見つ」といった気分でした。そうなると、妙に気がぬけたというか、もういいかという気分になりました。しかし、まだ日も高く、頭のなかにちらっと高橋紹運《じょううん》と岩屋城のことが浮かびました。なお、先にも少し触れましたが、城好き、歴史好きは、今や男女を問わない日本の社会・文化現象になっています。とりわけ、それはほとんど戦国時代に集中しているのも特徴です。壮大な石垣をめぐらした近世城郭はもとより、ちょっとした城あとにも詳しい人たちがたくさんおられるのは、子供のころからの城好きのひとりとして、おもしろい時代がきたものだと感心します。

さて、高橋紹運はかの大友宗麟《そうりん》の部将で、かつて九州の雄であった大友氏が今や急速にかげりつつあるなかを、主家を盛りたてるべく奮迅《ふんじん》しました。とりわけ、九州全域を呑み込む勢いで島津が北上してくるさなか、七百六十余の手勢で十四日間、激闘をつづけた挙句、天正十四年（一五八六）、岩屋城で全員が壮烈な戦死を遂げたのです。そのことをふと思い出し、では岩屋城へいってみようと、水城といわばセットになって大宰府政庁をまもっていた大野城という古代の朝鮮式山城をめざして登りました。大野城そのものは、ありし日には随分と大掛りな規模の土城だったとよくわかったのですが、肝心の岩屋城とその場所がよくわかりません。結局のところ、どうやら岩屋城は大野城の一角を利用して構えられたごくささやかなものであったようです。なにか少し肩すかしをくらった感じもなくはなく、とぼとぼと山をくだるほかはありませんでした。

結局、その日のうちに博多にむかいました。かなり疲れていたのかもしれません。山口県の萩に立ち寄ろうかとも思ったのですが、これもやめにして京都に戻ることにしました。京都はまだまだ炎暑でした。なお、それから随分と年過ぎて、今は九州にいる妻の友人と妻が架電している際中に、偶然あることが判明したのです。それは、どうやら太宰府天満宮から例のユースホステルに赴くとき、庭の手入れをされていた男性は、妻の友人のお父上だったらしいのです。あらためて、世の中というものは本当におもしろいとおもいます。そしてまた、旅というものはよくもわるくも人を変えるものなのかもしれません。

＊本稿の執筆にあたり、『長崎県史』をはじめ数々の文献・著作・データ・先行業績を参考にさせていただきました。心より深謝の微意を表します。

関連年譜

西暦	年号	日本・五島周辺のできごと	その他、アジア・世界のできごと
			三世紀末、『魏志倭人伝』(『三国志』魏志)成る
			三一六年、西晋がほろぶ
			三八六年、拓跋珪が帝となり、三九八年、平城を都に北魏を建国
			四二〇年、東晋がほろぶ
			五三四年、北魏が東魏・西魏に分裂
			五五〇年、北斉が成立(~五七七年)
			五五七年、北周が成立(~五八一年)
			五八一年、隋が成立(~六一九年)
六〇〇	推古八	第一回遣隋使の派遣	
六〇七	推古十五	小野妹子が遣隋使として派遣される	
六〇九	推古十七	『日本書紀』に「筑紫大宰」の語が見える	
			六一八年、唐が成立(~九〇七年)

六三〇	舒明二	犬上三田耜らが第一回遣唐使として派遣される
六四五	大化元	大化改新
六六三	天智二	白村江の戦い
七〇一	大宝元	大宝律令
七一二	和銅五	『古事記』成る
七一三	和銅六	『風土記』が元明天皇の命で作られる
七三三	天平五	遣唐使として多治比真人広成が渡海し遭難
七七五	宝亀六	吉備真備没
七七六	宝亀七	佐伯今毛人ら五百人以上が遣唐使として派遣される
七七七	宝亀八	小野石根らが唐に向け五島を出発、翌年の帰国時に遭難
八〇三	延暦二十二	藤原葛野麻呂が遣唐使として難波を出発するも遭難
八〇四	延暦二十三	博多から再出発。空海や最澄、橘逸勢らも同行
八〇五	延暦二十四	葛野麻呂、最澄らを乗せた船が帰国
八三六	承和三	藤原常嗣、小野篁らが唐に向け出発する

七五五～七六三年、安史の乱（安禄山の乱）

		が遭難、翌年の再挑戦も遭難	
八三七	承和五	三度目の渡海を拒否した小野篁は政府批判、隠岐に流島。円仁らは無事、入唐	
八四〇	承和七	『日本後紀』成る	
八四二	承和九	唐の李処人が奈留浦で造船	
八四七	承和十四	円仁らが帰国、『入唐求法巡礼行記』を後に著す	
八五三	仁寿三	円珍らが福州に渡る。五年後に李延孝の船で帰国	
八六二	貞観四	真如法（高岳親王）が唐へ向けて出発	
八九四	寛平六	遣唐使の廃止	
九〇一	延喜元	菅原道真が大宰権帥に左遷。『日本三大実録』成る	
九〇五	延喜五	醍醐天皇の命で『延喜式』の編纂が始まり九二七年完成	九〇七年、唐が滅亡。五代十国時代へ
			九六〇年、北宋成立（〜一一二七年）
一一五九	平治元	平治の乱	一一二七年、南宋成立（〜一二七九年）
一一八四	寿永三	一の谷の戦い	
一一八五	文治元	壇ノ浦の合戦、平氏滅亡	
一二七四	文永十一	第一回モンゴル襲来（文永の役）	一二七九年、クビライが南宋を滅ぼし、モンゴルの元王朝が中国を手中に収める
一二八一	弘安四	第二回モンゴル襲来（弘安の役）	

一三〇一	正安三	異国船が甑島に着き京都まで緊張が走る	
一三三四	建武元	鎌倉幕府がほろぶ。東西に分かれていた小値賀島が埋めたてによりつながる	
一三三六	延元元・建武三	後醍醐天皇が吉野に入り南北朝時代はじまる（～九二）	
一三八一	弘和元・永徳元	宇久覚が現・福江島に移住を計画、二年後に岐宿に移る	一三六八年、元を滅ぼした後、朱元璋が即位（洪武帝）、明王朝成立
一三九二	明徳三	室町時代はじまる（～一五七三）	一三九二年、李成桂が高麗を倒して朝鮮王朝を建てる
一三九七	応永四	足利義満が北山第を造営	
一四〇一	応永八	足利義満に博多の商人肥富が遣明船派遣を提案し実現	
一四〇二	応永九	遣明船の帰国と明船の入港を義満が自ら兵庫で迎え、やがて勘合貿易が始まる	
一四一九	応永二十六	李氏朝鮮が倭寇対策として対馬を攻撃（応永の外寇）	
一四五二	享徳元	宇久勝が十三代として家督相続	
一四六七	応仁元	応仁の乱がはじまる（～七七）	一四七一年、朝鮮で成立した『海東諸国記』が貿易関係者として五島宇久守などの名を記す

一五〇七	永正四	宇久囲が十六代目当主となるが、玉之浦納が反乱を起こしたため自刃	一四九二年、イタリア人コロンブスがアジアに向けてスペインを出発 一四九八年、コロンブスが南アメリカ北部に到達
一五二六	大永六	囲の遺児、宇久盛定が江川城築城、五島の主としての礎を築く	
一五四〇	天文九	明から王直が深江（福江）に来航、翌年平戸に移る	
一五四三	天文十二	種子島に鉄砲伝来	一五四八年、朱紈が倭寇対策として双嶼港攻撃、海洋商人らを掃討
一五四九	天文十八	宇久盛定が他界、純定が十八代当主となる。ザヴィエルが来日しキリスト教布教、五一年離日	一五四九年、朱紈は豪商らに弾劾され服毒自殺
一五五七	弘治三	王直が捉えられて斬罪となる	
一五六〇	永禄三	織田信長が桶狭間で今川義元を破る	
一五六六	永禄九	宣教師二人が深江にやってくる	
一五六七	永禄十	アルメイダ修道士が長崎に派遣される	

一五七〇	元亀元	大村純忠が長崎開港。以後、南蛮貿易を展開する	
一五七一	元亀二	宇久純堯が十九代を継ぐ	
一五八二	天正十	天正遣欧使節がローマへ、九〇年帰国	
一五八七	天正十五	秀吉が九州統一。宇久純玄が二十代継承	
一五九二	天正二十（文禄元）	秀吉の朝鮮出兵（文禄の役）で純玄は小西行長に属して渡海。これを機に宇久を「五島」姓に改める	
一五九三	文禄二	平壌に籠っていた小西軍は李如松軍に包囲される	一五九三年、ヌルハチが九部連合軍を撃破
一五九四	文禄三	五島純玄が陣中で病没、一族の大浜玄雅が二十一代を継承	
一五九六	慶長元	長崎での「二十六聖人の殉教」。玄雅はなおも棄教せず	
一五九七	慶長二	秀吉ふたたび朝鮮出兵（慶長の役）	
一五九八	慶長三	五島でこのころ捕鯨がはじまる	
一六〇〇	慶長五	関ヶ原の戦いで徳川家康が勝利	
一六一二	慶長十七	玄雅が他界、養子の盛利が二十二代に	
一六一四	慶長十九	江川城が火災で全焼、また自由貿易が禁止され五島藩は緊急事態に。大坂冬の陣	

一六一五	慶長二十	大坂夏の陣で豊臣家が滅亡、徳川が天下の実権を握る	一六一六年、ヌルハチにより後金国が成立、三六年に清と改称
一六二四	寛永元	イスパニアと断交	
一六三四	寛永十一	盛利は「深江直り」により中央集権化へ	
一六三五	寛永十二	海外渡航禁止令	
一六三八	寛永十五	石田陣屋が完成。深江を福江に、戸島を富江に改称	
一六三九	寛永十六	ポルトガル船来航禁止令、鎖国政策整う	
一六四一	寛永十八	五島領内の要所に遠見番所をもうけ異国船の往来を監視	
一六六一	寛文元	二十三代盛次の弟・盛清が分藩運動を展開、二十カ村三千石を分知	
一六六二	寛文二	盛清が富江に城下町をつくる	十八世紀後半以降、英仏など西欧が海づたいにアジアへ本格的に進出
……			
一八三七	天保八	モリソン号事件。翌々年の蛮社の獄につながる	
一八四五	弘化二	五島藩は農民に武装させる	
一八四八	嘉永元	大浜で皆兵態勢の軍事訓練	一八四八年、フランスで二月革命
一八四九	嘉永二	三十五代盛成が築城を幕府に嘆願、許可を得て石田城（福江城）の築城開始	

		英軍艦マリナー号が城ケ島沖に現れる	
一八五三	嘉永六	ペリー艦隊が浦賀に来航	一八五三〜五六年、クリミア戦争
一八五六	安政三	藩内の要地に砲台を築くとともに藩札を発行し献銀をつのる	一八五六年、アロー号事件により清国と英仏が戦争状態に
一八五九	安政六	五島家三十六代を盛徳が継ぐ	
一八六三	文久三	三月、十四代将軍家茂が上洛し孝明天皇に追従。六月、石田城完成。七月、薩英戦争おこる	
一八六七	慶応三	十月、大政奉還	
一八六八	慶応四	四月の江戸開城を受け、幕朝交替の情勢を観望していた盛徳は上京。六月、願書提出	
一八七二	明治五	石田城の本丸が解体される	

ささやかなあとがき

いま、こうして筆を執っていると、じつに暢気でデタラメな旅だったのだなと、あらためておもいます。そのときから、すでに三十六年ほどの月日がすぎ、よくもわるくも若い時期のぶらり旅は、ほとんど思い出のなかにしかありません。しかし、不思議なほどすべての光景がキラキラと光とともに散乱していたイメージは、今も消えません。九州、そして五島の島々——。わたくしにとって忘れられない小さな旅でした。なかでも、大宰府から山道にかかる途中のところで、たまたま道をお尋ねした上品な方が、なんと結果として妻の親友のお父上であったなど、およそ偶然というかなんというか。

本当の姉妹のように仲のよい妻と彼女とは、大学時代からあちこちへ旅行をしたり、それぞれの家にいったり泊まったり、なかばあきれるほどの青春を楽しみ、それぞれ結婚してからも、交流はかわりませんでした。京都からか大宰府からか、いずれにせよ架電のさいの話題がいろいろあるのはもとよりですが、いつもの「オチ」で、まあよくも大宰府で見知らぬ二人が出会ったものねと、笑いあっていました。つねに明るくたのしげであったその妻が、病魔にて今年（二〇一四年）の五月に他界することになるとは——。闘病にかかわることも含めて、今わたくしには言葉もありません。妻は、息子やわたくしにとって、かけがえのない至高の人でした。きっと彼方で待ってくれていると思います。

それにしても、この奇妙な旅行記というか、ともかくわけのわからぬ不思議なものを、書物に仕立てて下さった平凡社の山本明子さんには、心より感謝を申し上げます。実のところ、この文章をいったん山本さんにお渡ししておきながら、あれこれと雑用や海外調査、各種シンポ、スピーチなどにとりまぎれ、さらには体調不良となって、大変な御迷惑をおかけしてしまいました。本来ならば、もう一、二年もまえに出版して当然の予定を大きく踏みはずし、さらに一度はなかば放棄してしまうありさまで、おわびの言葉もありません。山本さんの温かい叱咤・激励（ゴメンナサイ）がなければ、ひょっとするともうわたくしは「書く」ということ、そのすべてをやめていたかもしれません。あらためて、衷心より御礼を申し上げるばかりです。

杉山正明

二〇一四年秋

[著者紹介]
杉山正明（すぎやま まさあき）
1952年静岡県沼津市生まれ。京都大学大学院教授。
専門はモンゴル史、中央ユーラシア史、世界史。
主な著書は『クビライの挑戦』（朝日選書、サントリー学芸賞）、
『遊牧民から見た世界史』（日経ビジネス人文庫）、
『モンゴル帝国と大元ウルス』（京都大学学術出版会、日本学士院賞）など。
2003年司馬遼太郎賞を受賞、また2006年には紫綬褒章を受章。

[歴史屋のたわごと 1]
海《うみ》の国《くに》の記憶《きおく》 五島列島《ごとうれつとう》 時空《じくう》をこえた旅《たび》へ

2015年1月15日 初版第1刷発行

著者…………杉山正明
装幀…………間村俊一
発行者………西田裕一
発行所………株式会社平凡社
〒101-0051 東京都千代田区神田神保町3-29
電話03-3230-6583〔編集〕
03-3230-6572〔営業〕
振替00180-0-29639
印刷…………株式会社東京印書館
製本…………大口製本印刷株式会社

ISBN978-4-582-44603-6
NDC分類番号210 四六変型判（18.8cm） 総ページ192

平凡社ホームページ http://www.heibonsha.co.jp/

乱丁・落丁本のお取替は直接小社読者サービス係までお送りください
（送料は小社で負担いたします）。